Manuela-Claire Warscher:
Arm und krank

VdÄ

Manuela-Claire Warscher

Arm & krank

Arbeiter und Bauern im Krankenbett des 19. Jahrhunderts in Österreich

VERLAGSHAUS DER ÄRZTE

Inhalt

Einleitung

Das vorliegende Buch handelt von der Armut und ihren Folgen. Seine Protagonisten sind die armen Patienten und die Armenmedizin(er), deren (Krankheits)geschichten erzählt werden, um sie aus ihrer Anonymität holen. So wird stellvertretend für Tausende und Abertausende von armen Kranken im 19. Jahrhundert die Geschichte folgender Patienten erzählt: jene des Arbeiters Josef K. und seines Sohnes Gottfried aus Arnoldstein (Kärnten), jene des Arbeiterehepaares Doni aus Wien, jene der Bauerstochter Rita F. aus Suczawa (Bukowina), jene der Magd Katharina Tmka und ihres Sohnes Heinrich aus der Vorstadt Meidling (Wien), jene der Tagelöhnerin Marie Kasai und ihrer Tochter Anna aus der Vorstadt Simmering (Wien) und von vielen anderen mehr.

Das Buch erzählt aber auch von Ärzten, die allerdings zu zahlreich sind, um sie hier alle namentlich aufzählen, es sei aber dennoch versucht, deren Leistungen zu würdigen – es geht unter anderem um einen Franz von Ottenthal, einen Ignaz Philip Semmelweis ebenso wie um einen Anton Pogačnik oder den Bezirksarzt Blumenfeld und um jene, die zwar nicht explizit genannt sind, deren Leistungen zum Gesamtwerk „Armenmedizin“ aber dennoch auf die eine oder andere Weise angeführt sind. Armenmedizin war eine Lebensweltmedizin. Sie fand in der Welt

der Arbeiter und Bauern statt und prägte nachhaltig die medizinische Praxis. Nach und nach entstanden daher den Lebenswelten entsprechende Einrichtungen und Arzttypen und die „Armenmedizin" präsentierte sich in ihrem ganzen Facettenreichtum: vom Armenarzt über den Bauerndoktor bis hin zu institutionellen Einrichtungen wie Gebär- und Findelhäuser oder Polikliniken. Im Versuch, die Protagonisten der Armenmedizin zu präsentieren, nähern wir uns der Arzt-Patienten-Beziehung sowohl von unten als auch von oben an. Konkreter gesprochen werden Erkrankungen, die typischerweise in den unteren sozialen Schichten verbreitet waren, sowohl von der Behandler- als auch der Patientenseite analysiert. Die Ergebnisse legen schließlich die vielen grausamen Gesichter der Armut offen und machen nachvollziehbar, dass es keine Privilegierten unter den Unterprivilegierten gab. Somit stützen diese Erkenntnisse die Annahme, dass die Armenmedizin des 19. Jahrhunderts angesichts der soziökonomischen Gegebenheiten einem inversen David-Goliath-Kampf gleichkam: David (Verwaltung, Politik, Ärzteschaft) vermochte mit seinen Steinen (Armenarzt, Landarzt, Poliklinik, Gebärhaus) Goliath (Armut) nicht zu Fall zu bringen. Dennoch: Die Armenmedizin bleibt aufgrund ihrer sozialmedizinischen Intention und der Leistung ihrer Protagonisten der häufig übersehene größte Meilenstein der Medizin des „langen und armen" 19. Jahrhunderts.

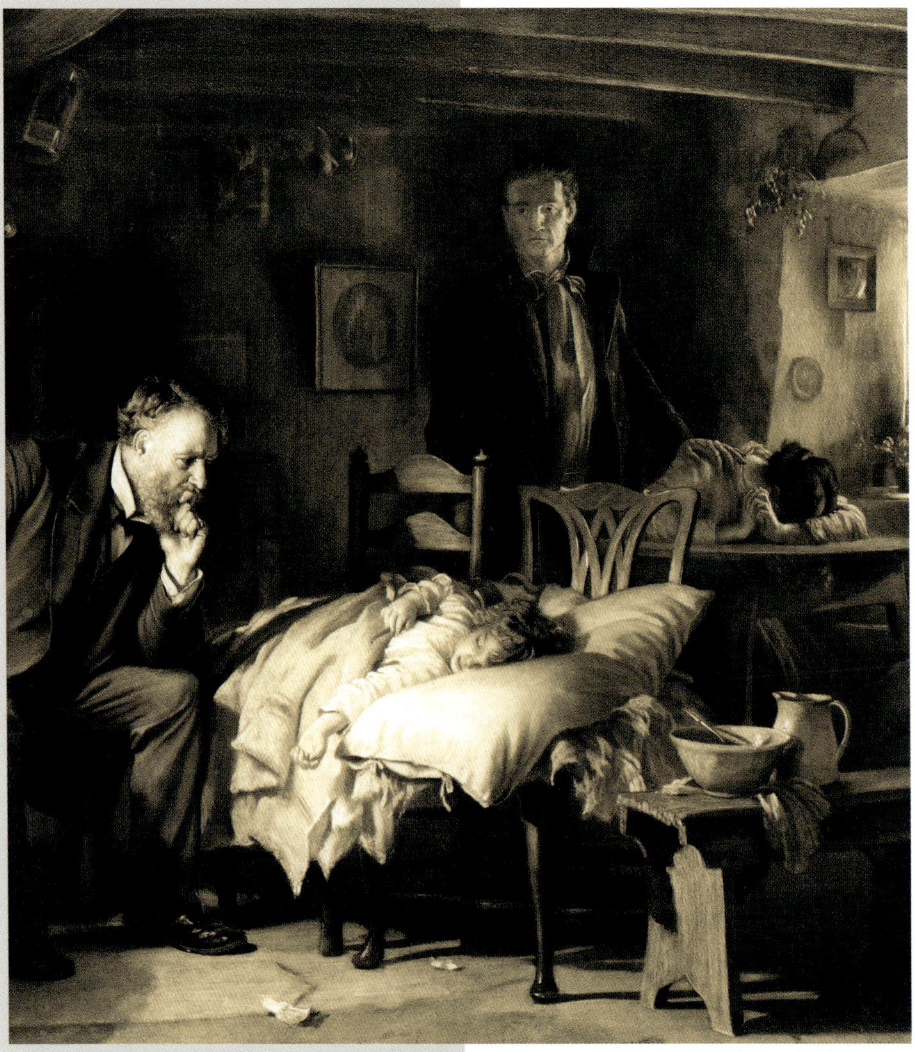

Ich bin vom Bezirk angestellt und tue meine Pflicht bis zum Rand, bis dorthin, wo es fast zu viel wird. Schlecht bezahlt, bin ich doch freigebig und hilfsbereit gegenüber den Armen. [...] Rezepte schreiben ist leicht, aber im übrigen sich mit den Leuten verständigen, ist schwer.

Aus: Franz Kafka, Ein Landarzt, 1919

Die Armenmedizin

VOM ARMENARZT ZUR POLIKLINIK

Der Landarzt aus Franz Kafkas gleichnamiger Erzählung teilte mit zahlreichen Armen- und Landärzten der Habsburgermonarchie dasselbe Los: überbürdende Arbeit, geringes Ansehen, schlechte Bezahlung und die Machtlosigkeit gegenüber der Armut ihrer Patienten. Tatsächlich wirkte die Gruppe der Armenärzte, die sich der Pflege und Betreuung der armen Bevölkerung in der Stadt und auf dem Land verschrieben hatte, in einem Jahrhundert, in dem die Medizin naturwissenschaftlich wurde, der Arztberuf empfindlich nuanciert war und mit entsprechenden stellungsabhängigen Privilegien einherging. Dabei waren sie mit zwei Spezifika konfrontiert: mit Krankheitsbildern, die in erster Linie durch Armut, Mangel und Verelendung hervorgerufen wurden, und mit Patienten, deren Lebenswelten sie nicht kannten und folglich nicht immer verstanden. Doch waren weder die Beweggründe für die Armenarzttätigkeit ausschließlich altruistisch noch war der Armenarzt der unfehlbare Gutmensch. Ausnahmen bestätigen wie überall auch in Bezug auf den Armenarzttypus die Regel. Vor allem blieben den Armenärzten die großen Heilerfolge verwehrt – zu übermächtig waren die Infektions- und Mangelerkrankungen und zu gering die Therapieoptionen. Dennoch: Im Kleinen konnten sie mitunter Großes bewegen. So muss die Armenmedizin heute angesichts der sozioökonomischen Rahmenbedingungen dieses Jahrhunderts als der eigentliche Meilenstein der Medizin definiert werden. Wer nun die Protagonisten dieser Armenmedizin waren, woher sie kamen, welche Methoden sie anwendeten und wo sie sich im Konstrukt „Ärzteschaft" sahen, verrät dieses Kapitel.

Ganz allgemein lautet die erste zentrale und unumstößliche Hauptregel im 19. Jahrhundert: Arzt ist nicht gleich Arzt. Die zweite – und dazu kommen wir im zweiten Kapitel – lautet folgerichtig: Patient ist ebenso nicht gleich Patient. Sowohl das Berufsbild als auch das Tätigkeitsfeld des Arztes waren im 19. Jahrhundert aufgrund der heterogenen Ausbildung uneinheitlich. Von dieser Ausbildung hingen einerseits die Qualität und Intensität der ärztlichen Zusammenarbeit ab, andererseits prägte sie die Wahrnehmung des Arztes in der Öffentlichkeit. Gab es also auf der einen Seite Gelehrte und Akademiker, deren universitärer Abschluss sie zu sogenannten „promovierten Ärzten" machte, verstand man unter den „Handwerkern" die Chirurgen, die ihre Ausbildung in einer Barbierstube genossen hatten. Die promovierten Ärzte unterteilten sich weiterhin in Arzt/Physikus und graduierte oder nicht graduierte Wundärzte. Die graduierten Wundärzte umfassten Fachärzte der Chirurgie und der Internen Medizin, die nicht graduierten wurden von einem Chirurgen ausgebildet und durften nach abgelegter Prüfung bei einem Medizinalkollegium Operationen entsprechend dem Prüfungsumfang durchführen. Demnach konnten Chirurgen der Klasse I alle Operationen abwickeln, von größeren Operationen waren Klasse-II-Chirurgen ausgeschlossen und lediglich leichte chirurgische Eingriffe waren das Betätigungsfeld der Klasse-III-Chirurgen. Die subalternen Bader gehörten der vierten Gruppe an und wirkten bis 1830. Auch die Ausbildung der Wundärzte wurde 1873 per Gesetz abgeschafft. Allerdings blieben bereits ausgebildete und praktizierende Wundärzte von der Regelung unberührt und konnten weiterhin ihrem Beruf nachgehen. Mit dem Wegfall der Gruppe der Wundärzte begann, so Historiker, gleichsam der regionale Niedergang der medizinischen Versorgung auf dem Land. Als Folge soll in den Folgejahren eine „Urbanisierung der Medizin" zu beobachten gewesen sein, davon ist Diether Kramer in seiner Studie überzeugt. Dieser Urbanisierung standen – wie gezeigt werden wird – Bauerndoktoren und der selbsthilfeerprobte Bauer mit ihrer traditionellen Volksmedizin gegenüber. Gegenkonzepte zum steigenden, regional sehr unterschiedlichen Notstand an medizinischer Versorgung waren einerseits Überlegungen, den Stand der Wundärzte wieder einzuführen, andererseits Frauen ab 1900 zum Medizinstudium zuzulassen.

Besonders zu Beginn basierten die Zulassung und die ärztliche Tätigkeit von Frauen auf der Ansicht, dass sie in der Betreuung von weiblichen und pädiatrischen Patienten benötigt würden. Kritiker, in erster Linie aus der männlichen Ärzteschaft, sahen allerdings in dem um die Jahrhundertwende propagierten Weiblichkeitsbild, das auf Schwäche und Emotionalität beruhte, das größte Hindernis für die Ausbildung und spätere Tätigkeit von Frauen als Medizinerinnen. Kurioserweise bestätigte der Lebens- und Berufsweg der ersten österreichisch-ungarischen Ärztin das exakte Gegenteil. Gabriele Possanner-Ehrenthal (1860–1940) sollte ihr gesamtes berufliches Leben dafür kämpfen, als Ärztin dieselben Rechte und Möglichkeiten zu erhalten wie ihre männlichen Kollegen.

Der Anzeige im städtischen Jahrbuch für das Jahr 1898 zur „Promovirung des Fräuleins Gabriele Possanner von Ehrenthal zum Doctor der gesamten Heilkunde an der Universität Wien (Erste Promotion einer Dame in Österreich)" ging ein – wie man heute sagen würde – typischer Kampf von Frauen um Gleichberechtigung voraus. Als Tochter eines Ministerialbeamten schlug sie zunächst den klassischen Ausbildungsweg einer Lehrerin ein, maturierte dann aber 1887 als Externe am Akademischen Gymnasium in Wien und begann 1888 in Zürich ihr Medizinstudium – war aber gezwungen, vor der ersten Staatsprüfung eine neuerliche Matura abzulegen. 1894 promovierte sie. Wieder in Wien bemühte sie sich gemeinsam mit dem Verein für erweiterte Frauenbildung um eine Zulassung als Ärztin. Erst ein Bittschreiben an den Kaiser bewirkte 1895 die Nostrifizierung des Schweizer Doktordiploms und damit ihre Zulassung als Ärztin. Die „einzige" Auflage: Sie musste sämtliche Prüfungen erneut ablegen. Gleich nach der Promotion, 1897, eröffnete sie am 10. Mai eine Praxis als praktische Ärztin im neunten Bezirk in Wien. Zudem war Possanner als Aspirantin am Kronprinzessin-Stéphanie-Spital in Ottakring tätig – als erste

Medizinerin an einer k.k. Krankenanstalt. Und 1928 war sie abermals eine Pionierin: Der Wiener Magistrat verlieh ihr als erste Frau den Titel einer Medizinalrätin. In der männlich dominierten Medizinerwelt blieb Possanner trotz der zahlreichen Extrameilen unterdrückt und an den Rand gedrängt. So wurde ihr beispielsweise 1901 trotz ihrer Mitgliedschaft in der Wiener Ärztekammer das Wahlrecht bei der Ärztekammerwahl verweigert. Ihr Einspruch wurde mit der Begründung, sie besäße weder „das active noch passive Wahlrecht für die Gemeinde", vom Magistrat, der Statthalterei und dem Ministerium für Inneres abgewiesen. Possanner kämpfte weiter und erreichte die Aufhebung der ministeriellen Entscheidung durch den Verwaltungsgerichtshof – damit war das aktive und passive Wahlreicht auch für weibliche Ärzte in der Ärztekammer bestätigt.

Ausbildung der Ärzte

Ob Wundarzt oder Doktor der Medizin – Ausübende beider Berufsgruppen stammten in den überwiegenden Fällen aus dem bildungsnahen Milieu des Adels und des Bürgertums. Die hohen Kosten, die mit der langen Studienzeit verbunden waren, erforderten tatsächlich einen gewissen Wohlstand der Herkunftsfamilie. So kam der Großteil der Medizinstudenten aus dem gewerbetreibenden – wohlhabenden – Bürgertum des 19. Jahrhunderts. Unter ihnen der sogenannte Dichterarzt Ernst von Feuchtersleben (1806–1849), der „Retter der Mütter" Ignaz Philipp Semmelweis (1818–1865) oder der Landarzt Franz von Ottenthal (1818–1899) – von denen später noch detaillierter berichtet wird. Freilich stellten sich zudem die Berufe der Väter für die Studienanwärter de facto als Garant für einen Studienplatz an der medizinischen Fakultät heraus. Das fand Claudia Huerkamp zumindest für Deutschland heraus. Inwieweit beispielsweise die Pflegeverwalterstelle seines Vaters in Tirol für Ottenthals Aufnahme an der medizinischen Fakultät in Wien förderlich war, war für seine Biographin nicht eindeutig zu klären, ebenso wenig wie die Frage, ob der Arztberuf für Ottenthal „standestypisch“ gewesen war. Neben der Abstammung waren häufig persönliche Gründe für die Arztberufswahl ausschlaggebend. So wählte der von Natur aus „eher kränkliche“ und an „melancholisch-hypochondrischen Anwandlungen“ leidende Feuchtersleben den Arztberuf eben aus Gründen der eigenen physischen und psychischen Schwäche. Gut möglich, dass seine eigene schwache Konstitution der Quell für seine Ablehnung der Hypochondrie anderer gewesen war. Er selbst sagte, dass er „aus Neigung zur Unabhängigkeit und zum Studium des Menschen den ärztlichen Stand zu seinem Lebensberuf [gewählt habe]“. Was dieser Grund jedoch in erster Linie verrät, ist die absolute Unkenntnis privilegierter Klassen von der Lebenswelt der niedrigen sozialen Schichten. Denn schon die geringfügigste Kenntnis hätte Feuchtersleben andere Gründe definieren lassen. Es ist nämlich äußerst fraglich, wie unabhängig und ungehindert der Arzt im 19. Jahrhundert auf dem Land agieren konnte, wo die Bevölkerung allem Externen eher feindlich gegenüberstand und zudem die Kirche als erste Anlaufstelle für die Menschen galt. Eben diese Faktoren konnten auf das „Studium des Menschen“ gleichermaßen limitierend wirken, vor allem dort, wo die Medizin und ihre Errungenschaften im besten Fall als temporäre Flucht aus der eigenen tristen Existenz gewertet wurden. So ist überliefert, dass Arbeiter sich in stationäre Behandlung begaben, um während der saisonbedingten Arbeitslosigkeit in den Kliniken zumindest für kurze Zeit in den Genuss von regelmäßiger Nahrung, einem warmen Bett und einer sauberen Umgebung zu kommen. Nichtsdestotrotz kann sich Feuchterslebens medizinische Karriere sehen lassen: Ab 1840 war er Sekretär der k.k. Gesellschaft der Ärzte, 1844 las er an der Universität das Seminar „Vorbildung psychischer Ärzte“ und förderte als Dekan der Wiener Medizinischen Fakultät Zeit seines Lebens das „Medicinalwesen“.

Eines der unangefochtenen Zentren eines richtungsweisenden Medizinalwesens im 19. Jahrhundert war Wien. Die beiden Wiener Medizinischen Schulen und allen voran das „führende Dreigestirn der Medizin“, Carl von Rokitansky (1853–1878), Joseph Ritter von Škoda (1805–1881) und Ferdinand von Hebra (1816–1880), brachte mit seinen Forschungen zahlreiche bis heute gültige Neuerungen in die Medizin und förderte Wiens Ruf als Medizinstadt. Zu den Errungenschaften der später als Zweite Wiener Medizinische Schule bekannten Gruppe zählten beispielsweise die Perkussion und Auskultation von Škoda oder Hebras Entdeckung des Krätze-Parasiten. Es waren in erster Linie böhmische Ärzte, die nach und nach die naturwissenschaftlich orientierte Medizin an der Medizinischen Fakultät der Reichs- und Residenzstadt Wien etablierten und die medizinische Ausbildung und Praxis nach europäischen Standards modifizierten. Dabei halfen Rokitansky und Škoda vor allem die Netzwerke der Tschechen in Wien beim Aufbau ihrer pathologisch-anatomischen Institute. In diesem pulsierenden und nach vorn strebenden Wien absolvierten Ottenthal und andere Studenten in den 1830er Jahren – der liberalen Ära der Wiener Medizin – ihr fünfjähriges medizinisch-chirurgisches Studium, das von Anatomie, Botanik im ersten Jahr über Physiologie und pharmazeutische Chemie im zweiten, Pathologie und Therapie und Geburtshilfe im dritten, medizinisch- und chirurgisch-praktischem Unterricht am Krankenbett im vierten bis hin zu vertiefenden Studien des bisherigen theoretisch-praktischen Lehrstoffes im Abschlussjahr reichte. Danach mussten sich die Absolventen entscheiden: Wollten sie Teil der renommierten Akademikerriege sein? Oder wurden sie Teil der weniger beachteten Armenmedizin?

Städtische Sozialmedizin: Poliklinik und Armenarzt

Bereits 1817 wurde die Armenversorgung als Gemeindeaufgabe definiert, aber bis 1842 vom niederösterreichischen Landtag administriert. Als nun Graf Franz von Stadion, einer der Mitverfasser der oktroyierten Märzverfassung, im Zuge der Reform des Gemeindewesens in Wien in den 1850er Jahren vorgeschlagen hatte, den Stadtkern mit den verarmten Vororten zu vereinen, war der Gemeinderat davon wenig angetan. Immerhin fürchtete die Gemeinde nichts mehr als das „unheilvolle

Proletariat" und die damit in Zusammenhang stehenden höheren Ausgaben für Polizei und Armenversorgung. Doch weniger diese Furcht als vielmehr die sogenannte Verzehrungssteuer war letztlich der Hauptgrund für die verzögerte Eingemeindung der Vorstädte. Durch diese Steuer stiegen nämlich die Lebenshaltungskosten innerhalb des Linienwalls für Arme empfindlich an, wodurch sie zu einer noch größeren sozioökonomischen Belastung wurden. Es sollte bis 1890/1892 und teilweise bis nach der Jahrhundertwende dauern, bis die Eingemeindung abgeschlossen war. Doch daran, dass sie einerseits billigste Arbeitskräfte in den zahlreichen Fabriken der Reichs- und Residenzstadt Wien und andererseits aufgrund der sozialmedizinischen Versorgung eine finanzielle Belastung für die Gemeinde blieben, änderte sich auch danach nichts. Auch nicht daran, dass die Armenkrankenversorgung trotz ihrer im Grunde logischen und flächendeckend etablierten Struktur im Kampf gegen die überbordende Armut und ihre gesundheitlichen Folgen machtlos war. Die medizinische Versorgung der Armen im 19. Jahrhundert übernahmen zwei Institutionen: die Poliklinik und der Armenarzt. Während sich der Armenarzt – wie es 1873 im Jahresbericht der Poliklinik heißt – in erster Linie um „die ärmsten Menschenklassen, Bettler, Bummler und Almosengenössige" sowie um chronisch Kranke wie „alte Apoplektische, Emphysematiker und Hysteriker" kümmerte, übernahm die Poliklinik „dürftige Handwerker, in ihren Vermögensverhältnissen heruntergekommene Familien von früheren Kaufleuten, Industrielle, ferner Dienstboten und Gesellen". Anders ausgedrückt wurden Arme in nach unten skalierbare Kategorien eingeteilt und entsprechend einem Versorger – dem niedergelassenen oder stationären Bereich – zugeteilt. Allerdings wurde die Poliklinik erst in den 1870er Jahren gegründet und die Etablierung von Armenärzten in den Vorstädten erfolgte zu unterschiedlichen Zeitpunkten. Davor und natürlich auch danach waren Aufnahme und Betreuung der Armen im Allgemeinen Krankenhaus der Stadt Wien kostenlos; ebenso sprangen dort, wo es (noch) keine ernannten Armenärzte gab, Gemeindeärzte (Wundärzte) ein, um Arme kostenlos zu versorgen.

Im Grunde wäre die Armenversorgung damit eigentlich zufriedenstellend gesichert gewesen, hätten nicht Konkurrenzdenken und Anerkennungsneid den Berufsalltag und den Berufsstand zunehmend belastet. Vor allem der niedergelassene Bereich sah sich um die Früchte der entbehrungsreichen Arbeit in der Armenkrankenpflege gebracht und zu wenig beachtet. In der im Jahr 1876 im Eigenverlag publizierten Studie *Die Poliklinik und das Ambulatorium in Wien* protestierten daher auch Vertreter der niedergelassenen Ärzte vehement gegen eine De-facto-Besserstellung der klinischen Einrichtungen zur Armenversorgung. Sie warfen der Poliklinik vor, unter dem Deckmantel der Humanität die öffentliche Wohltätigkeit auszunützen, arme Patienten nicht ordentlich zu behandeln, entgegen den Bestimmungen der Poliklinik nicht fertig ausgebildete „Hilfsärzte" praktizieren zu lassen und zudem nicht wirklich armen „Beamten und Studierenden" den Vortritt bei Behandlungen zu lassen. Zudem ließen sich keinerlei Behandlungserfolge erkennen, vielmehr würde die Einrichtung „die Verbreitung von ansteckenden Krankheiten begünstigen". Die Autoren der Studie belegten vor allem die letztgenannte Behauptung mit Zahlen, wonach nach Gründung der Poliklinik Infektionskrankheiten zugenommen hätten. Konkret sollen Blattern um 380 Prozent, Scharlach um 36 Prozent und Rachenbräune (Diphtherie) um 71 Prozent angestiegen sein. Wie sie selbst einschränkend anmerkten, konnte aber die Existenz der Poliklinik und die damit einhergehende Patientenmobilität nicht als einziger Grund für die Zunahme der Infektionszahlen ausgemacht werden. Damit fiel diese Spitze wohl in die Kategorie Desavouierung von ärztlichen Kollegen, die in den wirtschaftlich angespannten Jahren ab 1870 weit verbreitet war. So hat auch der Rechtskenner Michael Memmer in seiner Studie auf zahlreiche Fälle von unlauterem Wettbewerb bei Werbemaßnahmen von Ärzten, die durch den steigenden Konkurrenzkampf nötig wurden, hingewiesen. Er berichtet über unfaire Werbemaßnahmen, die an Infektionserkrankungen verstorbene Patienten als „Köder" für die eigene – bessere – ärztliche Tätigkeit nützen. Eine besonders dreiste Einschaltung im Morgenblatt

1893 lautete in diesem Zusammenhang: „27 Kinder sind an Diphtheritis gestorben, meine Patienten sind alle gesund worden. Darum rufen Sie für diese Krankheit, wenn Ihr Kind weißbelegten Hals hat, Dr. Ritscher, Singerstraße 13." "Im Übrigen lässt sich auch die in der Studie aufgestellte Behauptung, wonach in der Poliklinik Beamte und Studierende Armen bei Behandlungen vorgezogen würden, zumindest mit der verfügbaren Patientenstatistik aus 1890 nicht bestätigen: Demnach verteilen sich die 228 nach Berufsgruppen kategorisierten Patienten zum überwiegenden Teil auf Hilfs- und Facharbeiter, Bauern, Tagelöhner und Hausierer; lediglich 13 Personen können dem Beamten- und Studierendenstand zugeordnet werden.

Arztsein im 19. Jahrhundert war insgesamt ein schwieriges Unterfangen. So berichtet etwa Elisabeth Dietrich-Daum über die zahlreichen „stereotypen und redundanten" Klagen von ärztlichen Standesvertretern hinsichtlich des herausfordernden medizinischen Berufsumfeldes in Europa. Die Gründe dafür verortet sie sowohl im Wandel des Berufsbildes selbst, das sich weg vom vormodernen Bildungsberuf hin zur modernen bürgerlichen Profession entwickelte, als auch im ärztlichen Selbstverständnis, das unter der Kluft zwischen materiell-persönlichem Einsatz und gesellschaftlichem Ansehen litt. Anders ausgedrückt gefährdeten also interne und externe Aspekte wie die Zahlungsmoral von Patienten, nicht reglementierte Ordinationsgründungen und Laienärzte wie Bauerndoktoren die ärztliche Existenz. Daher griffen Ärzte und ihre Vertreter im Kampf für die Sicherung des eigenen wirtschaftlichen Fortbestandes auch verstärkt auf öffentlichkeitswirksame Maßnahmen, unter anderem in Form von kritischen Publikationen wie die vorliegende Poliklinik-Studie, zurück, um ihre Forderungen und ihre Situation auf die gesundheitspolitische Agenda zu bringen. Dietrich-Daum spricht in diesem Zusammenhang von einer „Strategie und Ausdrucksform ärztlicher Professionalisierungspolitik". Tatsächlich aber bargen sowohl die ökonomische Lage als auch die Hierarchisierung des ärztlichen Berufsstandes ab den 1870ern standespolitisches und individuell-existenzielles Konfliktpotenzial. Vor allem die wirtschaftlich schlechten Jahre nach dem Börsenkrach 1873 (Anm.: die Studie ist aus 1876) wurden für viele niedergelassene Ärzte zur Existenzbedrohung. So nimmt es auch nicht wunder, dass sie ihrer Angst mit ihrem Angriff auf Kliniker und ihre zusätzlichen Privatpraxen in der Studie Ausdruck verliehen. Immerhin orteten sie in diesem Wirtschaftsmodell zu Recht wesentliche ökonomische Vorteile der angestellten Ärzte gegenüber ihren niedergelassenen Kollegen, deren Honorare von den Wirtschaftsinteressenvertretern laufend neu – nach unten – verhandelt wurden. Kaum ein Arzt konnte noch mit seinem Einkommen ein Auslangen finden – vor allem nicht, wenn er als angestellter Armenarzt bei der Gemeinde Wien im Vergleich zu den Klinikern einen Hungerlohn verdiente.

Was nun den Aspekt des „Ansehens" beziehungsweise der geringeren Beachtung der niedergelassenen Armenkrankenversorgung anlangt, so liegt diesem der Wandel der Medizinerausbildung und des Medizinerstatus selbst zugrunde. Seit den späten 1860er Jahren wurde eine stetig wachsende Zahl an Medizinabsolventen registriert. Diese Absolventen durften sich Doktor der Heilkunde nennen. Gleichzeitig diminuierte sich der Stand der Wundärzte durch die Abschaffung der Wundarztausbildung ab 1873. Was bedeutete das? Zunächst vermutlich den nachhaltigen und schwer empfundenen Verlust an Selbstwert. Viele der Armenärzte kamen aus der Zunft der Wundärzte und hatten selbst niemals die klassische – nun als höherwertig empfundene – Doktorenausbildung durchlaufen. Dazu gesellte sich, dass sich die „neuen" Jungdoktoren häufig spezialisierten. Diese Zunahme an Spezialfächern bedeutete den Niedergang des Gemeinde- und Armenarztes sowohl im öffentlichen als auch im fachlichen Ansehen. Er war gezwungen, seine Patienten immer häufiger zu Spezialisten zu überweisen, und die Patienten wiederum verloren damit in gewissem Sinne die Achtung vor dem einst allwissenden „Hausarzt". Hausärzte waren gewissermaßen Opfer der sprichwörtlichen „Schmiedl-Schmied"-Problematik. Das Selbstvertrauen der niedergelassenen Ärzte schwand nicht nur durch diesen Umstand, sondern auch durch die zunehmende Hierarchisierung des Arztstandes. „Bei jedem ernsteren Fall [musste] der Professor kommen, um die Diagnose zu machen", hieß es. Kurz: Der Hausarzt hatte durch die Zunahme an Jungärzten und Spezialisten an Ansehen und Patientenzahlen eingebüßt. Zudem waren die „Professoren" auch besser organisiert als der niedergelassene Bereich. Dadurch waren sie in der Lage, ihre Idee der Poliklinik – also des Lehrspitals – mit Hilfe von einflussreichen Geldgebern nicht nur umzusetzen, sondern auch in der Eigenvermarktung besser zu nützen als die Armenärzte, die einen langen, konkurrenzfreien Zeitraum zur Selbstvermarktung ihrer zweifelsfrei exerzierten Humanität und folglich ihres Image- und Identitätsaufbaus ungenützt verstreichen ließen – und nun mit diesem Versäumnis haderten.

BERUF	ANZAHL
Arbeiter & Arbeitersfrau	7
Bauer & Bäuerin	5
Diverse Dienstboten (Diener, Dienstmädchen, Dienstmann)	25
Hausierer	2
Handarbeiterin	10
Kinder & Schulkinder	35
Kleinhäusler	2
Knecht	3
Maurer	1
Müller und Müllersfrau	2
Näherin	4
Tagelöhner	7

Arme Kranke der Poliklinik in Wien 1890

Quelle: Jahresbericht Poliklinik, 1890. S. 22

Nicht nur Teile der Ärzteschaft sahen die Poliklinik kritisch, auch die politisch einflussreiche Presse opponierte vor allem aufgrund ihrer Bestimmung als Einrichtung für Arme gegen sie. Damit wurde – so die Kritiker – der Makel Armut salonfähig gemacht. Immerhin sollte „der Arzt der Letzte sein", der einem „armen Kranken" sagt: „Ich helfe Dir nur, wenn Du mich an einem bestimmten Orte [Anm.: also in der Poliklinik] aufsuchst; in meiner Wohnung [Anm.: wo Armenärzte ihre Patienten in der Regel empfingen] helfe ich Dir nur für Geld." Damit wurde vor allem auf die dem Arztberuf zugrundeliegende Ethik, doch auch auf den Arzt selbst und die politischen Entscheidungsträger gezielt. Zudem brachte der anonyme Autor einer Studie zur Poliklinik, die 1886 im Selbstverlag der Montags-Revue herausgegeben wurde, ihre Gründung in erster Linie mit dem Frust junger Mediziner in Zusammenhang, denen „von dem Professorencollegium an der Universität nicht der genügende Spielraum für die Bethätigung ihres etwaigen Talents" eingeräumt wurde. Damit griff der anonyme Autor die bereits zehn Jahre zuvor von den Ärztevertretern angeführten Missstände erneut auf. Der Zusammenschluss dieser verkannten Talente – so die Studie weiter – mündete in die Gründung einer „kleinen medicinischen Facultät". Inwieweit diese Feststellung, wonach anstelle des erwartbaren humanistischen Strebens purer Egoismus und Karrierestreben die Basis der zunächst ambulanten, dann stationären Armenversorgung gebildet hätte, gerechtfertigt war, ist allerdings zu hinterfragen.

Sieht man sich nämlich die Gründungsväter der Allgemeinen Poliklinik an, so erscheinen Persönlichkeiten wie Wilhelm Winternitz (1834–1917) oder Heinrich Auspitz (1835–1886) das Gegenteil zu belegen. Winternitz, einer der bekanntesten Hydrotherapeuten seiner Zeit und Begründer der Physiotherapie, war zum Zeitpunkt der Gründung der Poliklinik 1871 bereits seit sechs Jahren habilitiert und hatte 1865 eine Kaltwasser-Kuranstalt in Kaltenleutgeben gegründet. In seinem Nachruf 1917 wurde Winternitz' Wohltätigkeit unter Verweis auf die kostenlose Hydrotherapie in der Poliklinik hervorgehoben und ebenso auch seine

Rolle bei der Gründung der Kinderverwahranstalt unterstrichen. Nachdem seine wissenschaftliche Karriere von seinem Gönner Oppolzer angestoßen wurde, hält der Vorwurf des puren Karrierestrebens zumindest auf den ersten Blick nicht stand. Der Namensgeber des Auspitz-Phänomens bei Psoriasis vulgaris (womit die punktförmige Blutung nach Abkratzen der Hornschicht gemeint ist) Heinrich Auspitz (1835–1886) war ebenfalls zum Gründungszeitpunkt der Poliklinik bereits einige Jahre habilitiert, wissenschaftlich tätig und Gründer einer dermatologischen Fachzeitschrift. Die Kritik des Anonymus war daher möglicherweise eher persönlicher Natur. Dass nämlich medizinischer Fortschritt auch bedeutet, wissenschaftlich tätig zu sein, zu publizieren und Patienten zu behandeln, klammerte der Autor in seiner Studie gänzlich aus. Ausnahmen von der Regel zeigen auf, wie durch fehlende „Vermarktung" wissenschaftlicher Erkenntnisse Heilerfolge verzögert wurden. So trug Semmelweis' langjährige Weigerung, die aus seiner Forschung abgeleiteten Methoden der Handreinigung von Medizinern zu publizieren, zu Rückschlägen im Kampf gegen das Kindbettfieber bei. Die Statuten der Poliklinik legten zudem auch eindeutig die Lehre als Teil der dort auszuübenden medizinischen Tätigkeit fest. Auch in Bezug auf die Finanzierung läuft die Kritik des Anonymus ins Leere: Die zwölf Gründer trugen zunächst die Kosten für die Klinik selbst, erst 1875 wurde ein Finanzierungsverein etabliert und ein „vielbewundertes Frauenparlament" einberufen. Fürstin Pauline von Metternich war eine der wichtigsten Unterstützerinnen. Doch auch 1890 wurden Arzneimittel (noch immer) nicht aus den „öffentlichen Fonds" gedeckt, sodass Abteilungsvorstände der Poliklinik die Kosten für verordnete Therapeutika für Alte, Frauen und Kinder übernahmen, was im Übrigen auch die Anschaffung und Reparatur der diversen medizinischen Instrumente betraf. In dieser Hinsicht war die niedergelassene Armenmedizin bessergestellt, denn sowohl die Remuneration der Armenärzte als auch die medizinischen Heilkosten für Arzneimittel oder Medizinprodukte übernahm der Wiener Magistrat. Demnach fielen in der städtischen Armenkrankenpflege in den Jahren 1893 bis 1897 exakt 199.341,94 Gulden für Armenärzte und Totenbeschau sowie zusätzliche Ausgaben in Höhe von 172.512,65 Gulden für kostenlose Arzneimittel an. Dabei stellte sich vor allem das Jahr 1896 als jenes mit den höchsten Ausgaben in beiden Kategorien heraus.

Die öffentlich geübte Kritik an der Gründung und Existenz der Poliklinik muss jedenfalls als das bewertet werden, was sie abhängig vom jeweiligen Absender intendierte. Lag der Attacke der niedergelassenen Ärzte gekränkte Eitelkeit und empfundene Ungerechtigkeit zugrunde, so stieß sich die liberale und „politisch unabhängige" Presse an der Kategorisierung von Menschen in Arm und Reich sowie an den unter dem Deckmantel des Humanismus ausgelebten Karriereambitionen junger Mediziner. In jedem Fall aber war der Bedarf an umfassender – niedergelassener und stationärer – Armenversorgung unstillbar. Die Not der Patienten war sowohl den gesundheitspolitischen Entscheidungsträgern als auch den Ärzten bekannt. Dass die einfacheren sozialen Klassen – vom Tagelöhner bis zum Fabrikarbeiter – „im Kampfe um das Dasein selten einen Sparpfennig" zurücklegen konnten, um im Krankheitsfalle „für sich und die oft zahlreiche Familie" Arzt und Medikation zu sichern, stellte die Gesundheitsversorgung der niederen Klassen vor eine der größten Aufgaben. Ein Krankheitsfall bedeutete in den allermeisten Fällen den Ruin. Denn: „[Der unvorhergesehene Ausfall] reißt eine so tiefe Lücke, zertrümmert so unerbittlich alle Grundlagen ihrer Existenz, dass so manche Katastrophe auf eine Gut und Blut verzehrende Krankheit zurückgeführt werden muss." In anderen Worten: Der Bedarf zur Schaffung kostenloser medizinischer Versorgung war im Sinne des sozialen Friedens und im Sinne der wirtschaftlichen Leistungsfähigkeit von nicht zu unterschätzender Bedeutung. So kann es auch nicht überraschen, dass in der Poliklinik bereits im zweiten Jahr nach ihrer Eröffnung eine fast 50-prozentige Erhöhung der Ordinationen gegenüber dem Gründungsjahr registriert wurde. Insgesamt wurden im Jahr 1873 83.504 Ordinationen durchgeführt, wobei sich die Monate Juli, August und Oktober als besonders betreuungsintensive Zeit herauskristallisierten. Leider können diese Zahlen mangels verfügbarer Quellen nicht mit der niedergelassenen Versorgung durch die Armenärzte im selben Jahr verglichen werden. Allerdings steht eine Statistik aus 1897 zur Verfügung. Ihr zufolge betreuten die Armenärzte in Wien in diesem Jahr 95.245 Kranke. Berücksichtigt man die Zunahme der Bevölkerung in den dazwischenliegenden zwanzig Jahren, dann dürften sich stationärer und ambulanter Bereich im Großen und Ganzen die Waage gehalten haben. Interessanterweise gibt es hinsichtlich der Geschlechterverteilung (in den zwei vorliegenden Jahren) jeweils klare Präferenzen: Demnach waren Männer wesentlich häufiger Patienten in Polikliniken und Frauen konsultierten öfter den Armenarzt. Der Grund dafür dürften wohl in erster Linie die Hausbesuche des Armenarztes gewesen sein, was bei dem Überhang an erkrankten Frauen in den Altersgruppen 60 plus, 41 bis 50 und 26 bis 40 und den primären Krankheitsbildern Bronchitis, Tuberkulose, Skrofulose und Rheuma höchstwahrscheinlich mit der physischen Unfähigkeit, eine Klinik aufzusuchen, in Zusammenhang stand. Sieht man sich nun die Krankheitsbilder an, die am häufigsten in der Poliklinik behandelt wurden, werden die Spitzenzeiten der Patientenzahlen nachvollziehbar. Rachitis, Anämie, Rheuma und Tuberkulose. Alles Erkrankungen, die in den Wintermonaten oder in Monaten mit weniger Sonnenlicht und niedrigeren Temperaturen beziehungsweise zu Zeiten, wo typischerweise Menschen enger beisammen sind, verstärkt auftreten. Dazu gesellten sich Kopf- und Rückenschmerzen und verschiedenste Arten von Durchfall, die Patienten in die Poliklinik kommen ließen. Während erstere – vor allem Rückenschmerzen – Folgen schwerer körperlicher Arbeit waren, war der Durchfall der schlechten Kanalisation und damit Keimverbreitung in Wien geschuldet. Auch eine vergleichsweise geringe Zahl an Schwangeren suchte die Poliklinik auf. Nicht eindeutig quantifizieren lässt sich die Anzahl jener Schwangeren, die auf Hebammen oder Laiengeburtshelferinnen aus dem eigenen Umfeld zurückgegriffen haben, allerdings legen Arztberichte die Folgen der Laienunterstützung wie Uterusruptur offen. Eindeutiger ist die Anzahl der Entbindungen in

Gebärhäusern. Über die Gründe, die der kostenlosen Gebärhausentbindung den Vortritt gegenüber der ebenso kostenlosen Versorgung in der Poliklinik gaben, kann nur spekuliert werden. Naheliegend ist, dass die Abgabe von Kindern in die den Gebärhäusern angeschlossenen Findelhäuser die Hauptmotivation war. Denkbar ist aber auch, dass das Gebärhaus „etablierter" und bekannter war als die neu installierte Poliklinik und somit auch vertrauenserweckender. Mehr zu diesen Themen findet sich in einem der nächsten Kapitel.

Unentbehrlicher Armenarzt

Inwieweit sich im 19. Jahrhundert jemand bewusst für eine Karriere als Armenarzt oder sein ländliches Pendant Landarzt entschied, lässt sich heute mittels zugänglicher Quellen nicht allgemeingültig beantworten. Dass allerdings die Position eines Armenarztes unter Jungmedizinern als besonders begehrt gegolten hätte, wie einige Forschungen suggerieren, muss dennoch stark angezweifelt werden. Nicht zuletzt, weil die Autoren ihre Schlussfolgerung damit stützen, dass die armenärztliche – temporäre – Tätigkeit den Übergang für einen Einsatz für „ein wohlhabenderes Klientel" darstellte und folglich lediglich Mittel zum Zweck und nicht etwa Mittel der Begierde war. Tatsache ist, dass die Arbeit des Armenarztes anstrengend, fast unmöglich zu bewältigen war und dass der Armenarzt gesellschaftlich nicht annähernd das gleiche Ansehen genoss wie ein gleichaltriger Professor an der Klinik. So traten die Wiener Armenärzte auch in den 1860er Jahren für eine Verbesserung ihrer Lage und vor allem für die „definitive Systemisierung" ihrer Position und Anrechnung der bisherigen Dienstjahre „allerhöchsten Ortes" ein. Während nämlich die älteren Armenärzte seit den 1830er Jahren in ihrem Amt waren und keinerlei Anspruch auf ein Gehalt oder eine Beförderung hatten, wurde jenen, die ab 1848 in den Dienst eintraten, eine Remuneration von etwa 300 Gulden zugestanden. Einen Pensionsanspruch gab es allerdings weiterhin weder für den Arzt noch für seine Witwe.

So stellt sich also die Frage, welcher Mediziner- und Menschentyp letztlich Armenarzt wurde und war. Wenig überraschend: Wie überall gab es auch bei den Armenärzten jene, die engagiert und patientenorientiert waren, und jene, die das genaue Gegenteil verkörperten. So ist beispielsweise dem in der Arbeiter Zeitung vom Dezember 1899 publizierten Nachruf auf den Armenarzt des neunten Bezirks, Salomon Neumann, zu entnehmen, dass er offenbar ein Vorzeige-Armenarzt war. Demnach absolvierte der 48-Jährige mit Auszeichnung sein Medizinstudium in Wien und legte bereits als Student und als Spitalsarzt den „soliden Fleiß, die geradezu fanatische Rechtlichkeit und die peinliche Gewissenhaftigkeit" an den Tag. Dieser Arbeitsmoral und Charaktereigenschaft blieb er auch in seiner „umfangreichen Privatpraxis und als Armenarzt" treu. Daher: „Die vielen Menschen, die seine Hilfe in Anspruch nahmen, werden dem tüchtigen, warmherzigen und schlichten Manne ein dankbares Andenken bewahren." Demgegenüber hatte das gleiche Blatt ein Jahr zuvor das Bild eines besonders kaltherzigen und geldgierigen Armenarztes nachgezeichnet: Ein gewisser Dr. Drechsler hatte demnach einem Vater die Hilfe für sein krankes Kind mit den Worten verweigert, dass „für Geld jeder Arzt" käme. Folglich ist auch eine allgemeingültige Armenarztcharakterisierung weder möglich noch sinnvoll, weil es *den* Armenarzt auch nicht gab beziehungsweise geben konnte.

Dem gegenüber stand die akademische Karriere der Jungärzte: Diese war allerdings – wie jüngste Forschungen zeigen – von einem zunehmenden deutschnationalen und katholischen „Patriotismus" gemäß den Vorstellungen des Bildungsministers Leopold Graf von Thun-Hohenstein und einer immer stärkeren Diskriminierung von Nicht-Katholiken gekennzeichnet. Zudem ging einer dauerhaften Anstellung an einer der „zentralen" Universitäten der Monarchie wie in Wien oder Prag eine (de facto) verpflichtende Anstellung an einer der Kliniken in den „Peripherien" – den Kronländern – voraus. Offenkundig, dass damit auch die Besoldung und der Einfluss im jeweiligen Fachgebiet verbunden waren. Dennoch durfte die akademische Karriere reizvoller gewesen sein als die

Tätigkeit als Armenarzt – was sich für Wien anhand eines Verteilungsschlüssels für das Jahr 1862 mehr oder weniger eindeutig bestätigen lässt: 375 Doktoren der Medizin, 18 Magistern der Chirurgie, 116 bürgerlichen Wundärzten und 28 Zahnärzten standen vier Stadtarmenärzte, zwei Stadtarmenwundärzte, zwei Stadtarmenaugenärzte und eine Stadthebamme in der Armenpflege gegenüber. In den Vorstädten wie Ottakring oder Meidling kamen weitere 14 Armenärzte, acht Wundärzte und acht Hebammen der Gesundheitsversorgung nach. Im Übrigen erhöhte sich die Zahl auch mehr als 15 Jahre später nicht wesentlich: In den zehn Gemeindebezirken der Stadt Wien wirkten 1888 24 Armenärzte, darunter drei Armenaugenärzte, ein Armenohrenarzt und ein Armenzahnarzt, dazu kamen in den drei Pfarrarmenbezirken außerhalb der Stadt sechs weitere Armenärzte. Etwa zur gleichen Zeit lebte knapp eine halbe Million Menschen in Wien und den Vorstädten.

Vor allem in den Vorstädten stieg die Bevölkerungszahl durch Zuwanderung und natürliche Geburten in der zweiten Hälfte des 19. Jahrhunderts rasant an. Die „Ortsarmenpflege" wurde dabei in den einzelnen Vorstädten autonom geregelt und so kam es, dass Armenärzte zu sehr unterschiedlichen Zeitpunkten eingeführt wurden. Dieser Verzögerung lagen neben ökonomischen Gründen durchaus auch persönliche Interessen zugrunde wie beispielsweise in Ottakring, wo die Institution Armenarzt und die Versorgung der erkrankten Armen mit kostenlosen Arzneimitteln erst relativ spät – 1870 – installiert wurden. Davor war diese Patientengruppe auf „den guten Willen der in Ottakring prakticierenden Ärzte oder auf Spitalspflege" angewiesen, was Berichten zufolge wohl nicht besonders zufriedenstellend verlaufen sein dürfte. Der Etablierung des Armenarztes ging ein wahrlicher Bruderzwist voraus, bei dem der Ottakringer Wundarzt Jakob Seitenberg (1814–1887) eine zentrale Rolle spielte. Was war passiert? Seitenberg übte seit 1839 auf Basis eines Dekrets der Stiftsherrschaft Klosterneuburg aus dem gleichen Jahr die Funktion des Gemeindearztes und alle damit in Zusammenhang stehenden Tätigkeiten wie Totenbeschau aus.

Dafür hob er die „anfallenden Gebühren direct von den Parteien“ ein. Zudem versorgte Seitenberg gemeinsam mit zwei weiteren Wundärzten auch kostenlos die Armen des Bezirkes. Als nun einer der beiden Wundärzte, Felix Kühn, beim Magistrat um eine Anstellung als Armenarzt ansuchte, blockierte Seitenberg dieses Ansuchen mit der Begründung, dass „seine beiden Berufsgenossen die Armenbehandlung in derselben uneigennützigen Weise besorgen würden, wie er selbst es nunmehr schon seit dem Jahre 1829 zu thun gewohnt sei“. Wenn dennoch eine Armenarztstelle geschaffen werden müsse, dann müsse diese aufgrund „seiner bisherigen langjährigen Leistungen“ ihm anvertraut werden. Hier lässt sich zumindest ein sehr persönlicher Grund herauslesen, den Beruf des Armenarztes zu wählen. Damit wurde also das Verfahren mehr als 15 Jahre lang verzögert und der Posten letztlich nicht mit Seitenberg besetzt. Bis 1886 wurde die Zahl der Armenärzte in Ottakring schließlich auf drei erhöht.

Diese Erhöhung der Zahl der Armenärzte in Ottakring wurde nicht zuletzt durch die wachsende Zahl an Armen notwendig – dies traf ausnahmslos auf alle Vorstädte zu. Hinzu kam, dass im Laufe der Zeit Armenärzte immer kürzer im Feld der Armenkrankenpflege tätig waren und ihre Zahl generell immer stärker zurückging. Die verbleibenden hatten ein „übergroßes“ Gebiet zu versorgen und konnten daher auch lediglich die „nothwendigsten“ Besuche bei den „anvertrauten Kranken“ absolvieren, wie es in zeitgenössischen Beschreibungen heißt. Zahlreiche ambulante Konsultationen in der Wohnung des Armenarztes wurden zusätzlich zu den Hausbesuchen vorgenommen. Vor diesem Hintergrund war die offene Kritik, die die Herausgeber der Allgemeinen Wiener Medizinischen Zeitung, Bernhard Kraus und Wilhelm Pichler, anlässlich der geplanten Ausweitung der Aufgaben des Armenarztes um die „Todtenbeschau“ in den 1860er Jahren übten, gerechtfertigt. Dieser Plan sei „misslungen, unpraktisch und die Interessen der armen kranken Bewohner Wiens als … gefährdend“. Immerhin hätten die Armenärzte mit dem „ihnen anvertrauten Amte genug zu tun“, argumentierten die beiden Redakteure, denn auf diese Weise würden auch die Klagen über die langen Wartezeiten, bis der Armenarzt eintrifft, in Folge weiter zunehmen, weil ein Armenarzt während einer „Masern-, Scharlach-, Typhus- oder Choleraepidemie 100 arme Kranke seines Bezirkes besuchen und noch dazu 10 oder 15 Leichen beschauen [muss]". Letztlich wurde die Totenbeschau spezifischen Wundärzten in den Bezirken übertragen, die parallel zum Armenarzt wirkten. Trotz der überbordenden Aufgaben war der Armenarzt wie oben ausgeführt „mittellos". Die in den Kronländern im bäuerlichen Umfeld agierenden Landärzte waren sowohl persönlich als auch finanziell bessergestellt als die Stadtärzte, was sich natürlich auch in den Rahmenbedingungen widerspiegelte. Nicht nur, dass es dem Armenarzt per Erlass der Statthalterei vorgeschrieben war, ausschließlich in dem Bezirk zu wohnen, der ihm als Einsatzgebiet zugewiesen wurde, auch seine Patienten betreute er in erster Linie in seinen eigenen vier Wänden. Ähnlichen Limitierungen scheinen Landärzte nicht unterworfen gewesen zu sein beziehungsweise wären sie auch nicht notwendig gewesen, weil das Gebiet, für das sie zuständig waren, in der Regel wesentlich größer war als ein Wiener Bezirk.

Das soll aber nicht über das allgemeine Strukturproblem hinwegtäuschen, mit dem Landärzte zu kämpfen hatten, und das seinen Ursprung in den von Kronland zu Kronland unterschiedlich geregelten organisatorischen Rahmenbedingungen des Gemeindesanitätswesens hatte. Das Reichssanitätsgesetz vom 30. April 1870 legte die Pflichten der Gemeinden als durchführende Organe der Sanitätsverwaltung fest. Darauf aufbauend wurde der Sanitätsdienst in autonomen Landesgesetzen definiert. So kam es, wie Elisabeth Dietrich-Daum in ihrer Studie aufzeigt, dass die Verträge der Gemeinden mit den Gemeindeärzten höchst unterschiedlich ausfielen. Diese regionalen Unterschiede hatten vor allem in Bezug auf das Wartgeld (Mindestgehalt) sozioökonomische Folgen für den Arzt: Erhielten also Salzburger Ärzte präzise Tarife für Sprechstunden (20 Kreuzer), Hausbesuche (25 Kreuzer bis fünf Gulden) oder Geburtshilfe (zwei bis acht Gulden), legte Mähren für die Bemessung des

Gehaltes einen Schlüssel von 50 Gulden pro 1.000 Einwohner fest. Vor allem im Süden der Monarchie umfasste das Wartgeld die verpflichtende Armenkrankenbehandlung. Mit diesen Regionalspezifika insbesondere hinsichtlich der Höhe des Wartgeldes lässt sich, vermutet die Historikerin, wohl auch der in bestimmten Kronländern herrschende Ärztemangel in ruralen Bezirken erklären. In diesen ländlichen Gemeinden gelang es trotz wiederholter Ausschreibung nicht, vakante Gemeindearztstellen zu besetzen. Dies sei, hieß es im Sanitätsbericht von Tirol 1882, teilweise auf die zunehmende Armut der Landbevölkerung zurückzuführen, teilweise aber auch darauf, dass sich die Bevölkerung „vom Gebirge mehr und mehr zurückzieht". Tatsächlich kämpften ab den 1880er Jahren immer mehr Kronländer mit der hier angesprochenen Landflucht beziehungsweise (Binnen)Migration. Die Gründe dafür waren vielfach und reichten von der einbrechenden Landwirtschaft aufgrund von Elementarereignissen über Ernteausfälle, diverse Tier- und Pflanzenseuchen bis hin zum zunehmenden Weggang der mithelfenden Kinder. Dennoch: Auch in diesen ruralen Gemeinden bestätigten die Ausnahmen die Regel. Gut situierte und bekannte Landärzte konnten durchaus auch große Ordinationen mit mehreren Praxisräumen besitzen, und bei Hausbesuchen in entlegenen Gegenden ihres Einzugsgebietes war es ihnen zudem möglich, in Gasthöfen zu übernachten, wo sie auch Ordinationstage anboten.

Der Landarzt als Armenmediziner

Derjenige, der auf dem Land als Arzt tätig war, war zunächst weit mehr als „nur" Mediziner: Er war – wie vor allem die Forschungen von Elena Taddei zum Tiroler Arzt Ottenthal zeigten – auch Geburtshelfer und Seelsorger, überwachte Hebammen, war Leichenbeschauer und in vielen Fällen wohl auch eine Art Freund der Familie. Er musste aber vor allem bei zahlreichen Patienten die Schäden, die sich diese durch ihre Selbstmedikation und Selbstbehandlung zugefügt hatten, wieder richten. Diese Praxis der Selbsthilfe rührt einerseits sehr stark aus der ländlichen Abneigung gegenüber externen Einflüssen – dies betraf nicht nur die Medizin, sondern umfasste in vielen Teilen der Monarchie, unter anderem im Küstenland an der Adria, auch die Schulbildung der Kinder. Das ging dann so weit, dass Kindern sogar die Schulbildung verwehrt wurde. Andererseits lag es im Wesen des Bauern, in allen Bereichen des täglichen Lebens, so auch in Krankheitsfragen, auf Traditionen zurückzugreifen. Von diesem als Volksmedizin bekannten Aspekt des ländlichen Lebens wird noch die Rede sein. Diese bäuerliche Abschottung und der Hang zur Selbsthilfe wurde von zahlreichen Medizinern kritisiert. So schrieb auch Feuchtersleben in der Einleitung seines Buches *Die Gewissheit und Würde der Heilkunst* (1839) dass „ein jeder Mensch Arzt sein [will] und glaubt, die Ärzte verspotten zu dürfen". Damit meinte er „alte Weiber – und wohl auch junge", die in die Arztkunst pfuschten und über den Arzt richteten.

Die Annäherung des Arztes an seinen ländlichen Patienten verlief nicht immer friktionsfrei, zu oft spielte die Unkenntnis der bäuerlichen Lebenswelt eine Rolle. Die Ärzteschaft versuchte daher, sich dieser Lebenswelt mittels wissenschaftlicher Erhebungen anzunähern und klare Vorgaben für die Versorgung der Patienten zu erarbeiten. In diesen Arbeiten erkennt man aber auch die Überheblichkeit, mit der die Ärzteschaft den Landbewohnern begegnete. So betonte der Tiroler Medizinstudent Francesco Paterno in seiner Dissertation aus den 1830er Jahren, wie stark der Arzt vor allem auf dem Lande Gefahren ausgesetzt sei – dies nicht zuletzt deswegen, weil er seine Tätigkeit dort in erster Linie für „grobschlächtige Menschen ohne Ausbildung" ausüben musste. Diese „Grobschlächtigkeit" wurde wohl auch mit einem geringeren Bildungsgrad assoziiert, wodurch es, so der Dissertant der Medizinischen Universität Padua, zu Kommunikations- und Verständnisproblemen käme, die wiederum Missverständnisse nach sich zogen und sogar zu ernsthaften Bedrohungsszenarien führten. Das Bild, das der Arzt vom ländlichen Patienten hatte, entsprach dem zeitgenössischen Narrativ des bildungsfernen Menschen, dem man besser nicht trauen sollte. In diesem Sinne betonte Paterno auch, dass die nervösen, hysterischen und hypochondrischen Erkrankungen der Landbewohner den Arzt auf eine harte Probe stellen würden. Anders ausgedrückt: Der Landbewohner ist in der Regel nicht erkrankt, sondern arbeitsscheu, und neigt dazu, den Landarzt in die Irre zu führen. Auf empirischen oder anderen Daten fußte diese Einschätzung selbstredend nicht. Unbestritten ist zudem, dass das harte Landleben zahlreiche Verletzungen und Krankheiten mit sich brachte. So waren aus unterschiedlichen Landstrichen wiederkehrende Pandemien, zahlreiche Fälle von Schwindsucht, Rachitis oder Pellagra bekannt. Andererseits war die sich von äußeren Einflüssen gerne abschottende Bauerngesellschaft tendenziell misstrauisch gegenüber Neuerungen und allem Fremden, was Paterno wohl zu seinen Aussagen über den „nervösen" Landmenschen verleitet hatte.

Wenn schlussendlich die Patientenfrequenz in den Ordinationen einiger Landärzte tatsächlich stieg, was anhand verfügbarer Krankenakten auch partiell nachweisbar ist, war dies sicherlich mit einem „hart erarbeiteten" Vertrauensgewinn zu erklären. Der im Tiroler Tauferer Ahrntal ansässige Landarzt Franz von Ottenthal (1818-1899) verzeichnete beispielsweise in den mehr als zwei Jahrzehnten seiner Tätigkeit in Sand in Taufers rund 18.000 Ordinationstage und 7.000 Krankenbesuche im Tal und seiner Umgebung. Ottenthal praktizierte gemeinsam mit zwei weiteren Kollegen in diesem abgelegenen, etwa 45 Kilometer langen Tal, wobei einer der beiden ausschließlich die Funktion eines Gerichts- und Gemeindearztes innehatte, während der andere als Wundarzt wirkte. In Landarztpraxen schienen ganz allgemein männliche Patienten eher unterrepräsentiert gewesen zu sein – zumindest in bestimmten Altersgruppen. In diesem Zusammenhang konnte Alois Unterkircher nach Auswertung von Ottenthals Krankenakten zeigen, wie die Geschlechterverteilung nach Altersgruppen in der Praxis des Landarztes konkret aussah. Demnach dominierten nämlich unter Neugeborenen und Säuglingen zwar männliche, ab dem siebten Lebensmonat bis ins hohe Alter jedoch weibliche Patienten. Offen bleiben allerdings die Gründe, warum Frauen in (fast) allen Altersgruppen häufiger als Männer in Ottenthals

Praxis vorstellig wurden. Historiker wie Michael Dinges haben dies mit dem „unterentwickelten männlichen Körperbewusstsein" oder der „Medikalisierung des weiblichen Körpers" erklärt. Zudem werden vermutlich auch lokale oder regionale Praktiken und Gepflogenheit beziehungsweise patriarchale Denkmuster und Gesellschaftsstrukturen sowohl die Häufigkeit als auch ganz generell die Entscheidung, überhaupt einen Arzt aufzusuchen, beeinflusst haben.

Eindeutiger fällt allerdings die geschlechtstypische Zuordnung von bestimmten Erkrankungen aus. Demnach können anhand der gestellten Diagnosen Atemwegserkrankungen und Magenbeschwerden als charakteristische Männerkrankheiten identifiziert werden. Übersetzt man nun die zeitgenössische Medizinauffassung, wonach gastrointestinale Beschwerden mit dem höheren „Säfteüberschuss" der männlichen Patienten in ursächlichen Zusammenhang stünden, lagen diesen realiter mit hoher Wahrscheinlichkeit wohl chronische Gastritiden und vor allem ein unmäßiger Alkoholkonsum zugrunde.

Der Alkohol war tatsächlich eines der gesundheitsgefährdendsten Probleme des 19. Jahrhunderts – vor allem, aber nicht nur, in ländlichen Regionen, wo eine hohe Anzahl der Bauern alkoholabhängig war und an den alkoholassoziierten Begleiterkrankungen litt. So waren Mediziner im deutschsprachigen Raum vor allem von der Tatsache alarmiert, dass Alkohol in der einfachen Bevölkerung häufig als Ersatznahrungsmittel betrachtet wurde, weil ihm die Volksmedizin eine kräftigende Wirkung zuschrieb. Besonders kritisch sahen sie zudem die „Verabreichung alkoholischer Getränke an Kinder und jugendliche Personen", die laut dem Wiener Pädiater Max Kassowitz (1842-1913) nicht nur von der Bevölkerung (unabhängig von ihrem sozialen Status), sondern auch von den Ärzten selbst praktiziert wurde. Dabei führte auch die geringe Qualität der selbstgebrannten Schnäpse oder diverser Weinverschnitte zu zahlreichen Entzündungen der Magenschleimhaut, deren Symptome sich aufgrund der fehlenden Alkoholkarenz im Laufe der Zeit zunehmend verschlechterten. Die Ärzteschaft war hinsichtlich des Problems und dessen Lösung zwiegespalten. Während der eine Teil passiv blieb und die Ausmaße des Problems herunterzuspielen versuchte, propagierten andere mit allen Mitteln – sowohl durch wissenschaftliche Publikationen und Vorträge wie etwa der Wiener Pädiater Max Kassowitz (1842-1913) als auch mittels Aufklärungskampagnen direkt bei den Konsumenten wie etwa in Istrien – die Alkoholabstinenz. Beide Gruppen sahen sich jedoch mit Angriffen konfrontiert. Die Passivität und überhebliche Haltung vieler Ärzte, die den Alkoholismus als „Übertreibung" abtaten, kritisierten viele der eigenen Kollegen, unter anderem eben Kassowitz, als „Juste-millieu-Menschen"-Mentalität. Anders formuliert beklagte der Kinderarzt die bourgeoise Abgehobenheit der urbanen Mediziner in Suchtfragen. Ob einige dieser Ärzte mit Alkoholproduzenten bekannt oder sogar verschwägert waren und daher wenig gegen den hohen Konsum unternahmen, kann man vermuten, aufgrund fehlender Quellen aber nicht nachweisen. Den Aktionismus der engagierten Ärzteschaft wiederum bekämpften diverse Interessensvertretungen, wie in Istrien die Landwirtschaftsgesellschaft, die 1908 sowohl den „Kampf gegen den Alkoholismus" als auch den „offenen Krieg der Ärzte gegen den Terrano (Anm.: Wein)" angesichts der damit einhergehenden sozioökonomischen Folgen verurteilten. Einbußen am Absatzmarkt der Weinproduzenten hätten nämlich sowohl die Lage der Grundbesitzer als auch der Pachtbauern verschlechtert.

Neben dem Alkohol wurde auch der Tabak als krankmachendes Suchtmittel thematisiert – und unter anderem auch als Grund für die zehnfach häufigeren Diagnosen von Atemwegserkrankungen bei Männern angeführt. Allerdings litten auch viele Frauen an Atemproblemen. Kurioser Aspekt am Rande: Ärzte berichteten über Fälle, wo rauchende Männer ihren schwangeren Ehefrauen bei Pruritus und anderen Beschwerden das Zigarettenrauchen als linderndes Mittel empfohlen hatten – und das mit Erfolg, da schließlich die „sedative Wirkung des Tabak-Dekoktes" bekannt war. Was also für den Mediziner ein krankheitsauslösender Faktor war – Alkohol und Nikotin –, war mitunter für den einfachen Mann und die einfache Frau ein krankheitslinderndes Mittel. In diesem Umfeld, in dem das blanke Überleben dominierte, war die Beschäftigung mit der Krankheitsprävention oder Gesundheitsvorsorge purer Luxus. Diesen konnte man sich weder ökonomisch noch zeitlich leisten. Für den armen Landbewohner zählte einzig die rasche Wiederherstellung der Leistungsfähigkeit im Krankheitsfall – dafür wurde auf das zurückgegriffen, was in der Regel durch Mundpropaganda als verlässliches Mittel empfohlen wurde. Ob dieses auch Nebenwirkungen hatte, war unerheblich.

Im ländlichen Raum spielten im Gegensatz zur städtischen Unter- und Oberschicht Geschlechtserkrankungen keine große Rolle, was aber nicht automatisch mit einem moralischeren Lebenswandel erklärt werden kann. Letzteres zeigt sich vor allem auch in der Zahl der unehelichen Geburten, von denen noch die Rede sein wird. Vielmehr waren die Möglichkeiten für ein außereheliches Vergnügen weitaus limitierter als in der Stadt. Während im urbanen Milieu Prostituierte zahlreiche Freier versorgten und Geschlechtskrankheiten sich auf diese Weise unkontrolliert ausbreiteten, kamen auf dem Land lediglich die Mägde und Tagelöhnerinnen für „außereheliche Liebesdienste" in Frage. Diese wiesen aber nicht nur eine geringere Zahl an Liebhabern auf als städtische Prostituierte, sie waren vor allem – selbst nach einer Ansteckung – weniger mobil, sodass sich die Krankheit wesentlich schlechter verbreiten konnte und weniger Opfer fand.

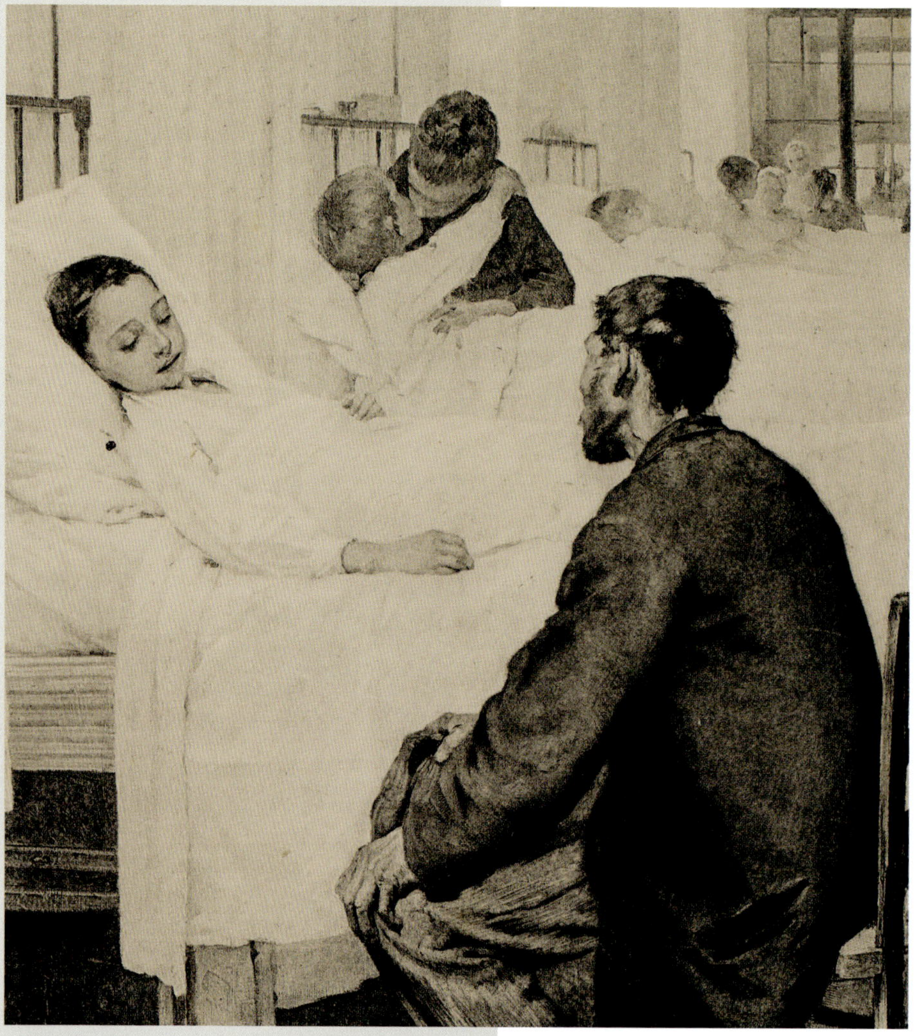

Ja, der Junge ist krank. In seiner rechten Seite, in der Hüftengegend hat sich eine handtellergroße Wunde aufgetan. Rosa, in vielen Schattierungen, dunkel in der Tiefe, hellwerdend zu den Rändern, zartkörnig... Würmer, an Stärke und Länge meinem kleinen Finger gleich. **Armer Junge, dir ist nicht zu helfen...**

Aus: Franz Kafka, Ein Landarzt, 1919

Der arme Patient

BAUERN UND ARBEITER IM KRANKENBETT

Bäuerliche Patienten

Der Arztbesuch in Franz Kafkas Erzählung antizipiert bereits vor den eigentlichen Worten des Arztes den unerfreulichen Verlauf der Erkrankung des Jungen. Denn in der Regel war es auf dem Land – vor allem in Bauernfamilien – bis ins 20. Jahrhundert üblich, Alte, Kranke und Behinderte im eigenen Familienverband im Rahmen der Hausgemeinschaft zu pflegen und zu versorgen. Der Gemeinde- oder Landarzt wurde erst konsultiert, wenn die Lage aussichtslos war oder die traditionellen Heilmittel der Volksmedizin, mit denen die Erkrankten behandelt worden waren, nicht halfen. Natürlich galt diese „Regel" nicht für alle Patienten im Habsburgerreich, denn die Medizin des 19. Jahrhunderts war eine Lebensweltmedizin mit regionalspezifischen Charakteristika.

Blicken wir heute besorgt auf eine Zweiklassenmedizin, dann dürften kritische Beobachter des 19. Jahrhunderts aus dem Schaudern nicht mehr herausgekommen sein. Denn die Lebensweltmedizin dieses Jahrhunderts war eine Mehrklassenmedizin, die von einer Vielfalt an Ärztetypen und einem gleichzeitigen Formenreichtum an Patienten gekennzeichnet war. So stellt sich wohl auch die Frage, wer denn diese Patienten konkret waren und wie sie dem jeweiligen Arzttypus gegenübertraten. Konzentriert man sich nun primär auf die „armen" Patienten, begegnet man einerseits dem immer stärker organisierten Arbeiter und andererseits dem externe Einflüsse ablehnenden Bauern. In der Bauernschaft erfolgte die Krankenpflege so lange wie möglich im ländlichen Familienverband, allerdings nicht aus reiner Menschenliebe, vielmehr wurden Kranken- und

Altenversorgung vor Übergabe eines Hofes schriftlich geregelt. Demnach wurde einerseits eine bestimmte Geldsumme festgeschrieben, die der Jungbauer dem Altbauern und der Altbäuerin für Verpflegung, Kleidung und Wohnung auszahlen musste. Andererseits musste der Jungbauer bei Krankheit der Altbauern die entsprechende „Bedienung" sicherstellen. Zeitgenossen berichten zudem, dass die Wahl und Akzeptanz der Medizin vor allem in der einfachen und ländlichen Patientenschaft eng mit Glauben und Aberglauben verbunden waren. Etwas, das beispielsweise in der Arbeiterschaft weit weniger stark ausgeprägt war und meist nur dann überhaupt vorhanden war, wenn ein Klassenübertritt durch Verehelichung stattgefunden hatte. In diesen Fällen brachten die in der Regel bäuerlichen Bräute ihre Volksmedizin in die neue Arbeiterfamilie ein.

Vor dem sozioökonomischen Hintergrund der beiden Gesellschaftsklassen scheint es gewagt zu behaupten, der „arme" Patient sei ein Gewinner gewesen – und doch war er es, wenn zugegebenermaßen auch nur im Kleinen: Der Arbeiter war es in Bezug auf die Etablierung sozialmedizinischer Einrichtungen, der Bauer in Bezug auf seine Abschottung, die ihm „seine" Medizin und den „Arzt" aus den eigenen Reihen bescheren sollte.

Der Bauer galt als verschlagen, faul und dumm. Wie viel davon seine eigene „Schuld" war und was er durch externen Eingriff formend erfuhr, kann nicht mit Gewissheit gesagt werden. Der Satz eines Agrarsekretärs, wonach der „Bauer [war], was man mit Gewalt aus ihm [gemacht hatte]", lässt zumindest vermuten, dass diese externen Faktoren einen nicht zu unterschätzenden Einfluss auf die Entwicklung der jeweiligen bäuerlichen Gesellschaft hatten. Diese Gesellschaft war patriarchalisch organisiert und hatte eine gewisse kleingeistige Haltung. „Ich sah die Noth im Hause, den Kleinmut des Vaters und die bedauernswerthe Ergebung der Mutter", schrieb der Gewerbefachmann Josef Neumann von Spallart, der in bescheidenen, ärmlichen Verhältnissen in Mähren aufgewachsen war, rückblickend über die Hierarchie in der Familie. Dem „Hausvater" oblag die rechtliche Disziplinargewalt bis zur Züchtigung. Spallart beschrieb den Vater als „ernsten und strengen Mann", der vielleicht wegen des

Schreiens von elf Kindern nach Brot gereizt war und berichtete – fast als Gegenkonzept – von der Gottesfürchtigkeit und Sanftmut der Mutter, den „duldende[n] Schutzengel der Familie“, dem es gelang, mit der „nie ermüdende[n] Arbeitsamkeit, Sparsamkeit, die Pfennige zu Groschen um[zu] wandeln“. Tatsächlich bestimmten Glaube und Aberglaube den bäuerlichen Kalender und waren gleichermaßen Kraftquell der bäuerlichen Familie. Eine gottergebene Duldung allen Leids. Diese Gottesfürchtigkeit und die Angst vor Gottesstrafe einerseits und die sogenannte Erbauungsliteratur andererseits ließen in vielen bäuerlichen Gemeinden im Krankheitsfall dem Pfarrer den Vortritt vor dem Arzt. Vor allem die von der Kirche geförderte Erbauungsliteratur übte mit ihren einfachen und leicht verständlichen Botschaften noch im ersten Drittel des 19. Jahrhunderts einen großen Einfluss auf die arme und tiefgläubige Bevölkerung aus. Ihr wurde durch diverse religiöse Bücher mit einfachen Titeln wie *Erbauungsbuch für Kranke und Sterbende* eingebläut, dass die Gesundheit ein Geschenk Gottes sei, die man wiederherzustellen habe, wenn man sie verloren hatte. In anderen Worten: Krankheit wurde als Sünde oder als Gottesstrafe angesehen, denn im Verständnis der einfachen Bevölkerung galt Krankheit eben als etwas Fremdartiges und von außen Kommendes. In Unkenntnis diverser Krankheitsverursacher führten die einfachen Leute ihre Symptome und Erkrankungen auf Dämonen, Hexen, Gnome oder Naturgeister – also auf „Gegenspieler Gottes“ – zurück. An deren Existenz glaubte die Bevölkerung nach wie vor, sodass Behandlungen wie das „Besprechen“ von Warzen, „Gegenzauber“, der bei Exorzismus eingesetzt wurde, oder Amulette nachvollziehbar sind.

Vor allem das Fieber war im Volksglauben mit viel Unheil und Aberglauben verbunden. Die Landbevölkerung interpretierte Fieber als etwas Dämonisches oder Weibliches. Im Volksmund wurde zudem auch zwischen kaltem und heißem Fieber unterschieden: Das eine ließ den Kranken in Fieberfrost erstarren, das andere in Hitze brennen. Das „Weibliche“ des Fiebers wurde mit sogenannten Fieberfrauen oder Fieberschwestern in ursächliche Verbindung gebracht. Beinahe ausnahmslos traten sie in der

Volksmedizin in Verbindung mit der Zahl 77 auf. In volksmedizinischen Überlieferungen liest man, dass ein Heiliger jeder Fieberfrau 70 oder 77 Wunden zufügen musste, um sie so von den Menschen abzubringen und ihnen das Versprechen abzuringen, jene vom Fieber zu verschonen, die an den Heiligen glaubten. Zudem war der Volksglaube davon überzeugt, dass das Fieber aus dem Wasser kam, wohl nicht zuletzt, weil sich die meisten Fieberepidemien tatsächlich in sumpfigen und wasserreichen Gegenden ausbreiteten – besonders häufig und stark waren davon übrigens die Ortschaften Wörth und Neudau im steirischen Lafnitztal betroffen. In der Steiermark kannte man übrigens auch neben den 77 die 72 Fieber. In den Aufzeichnungen des Benediktinerpaters Romuald Pramberger werden darunter „faules Magen-, Zahn-, Wund- oder Nervenfieber" verstanden. Von den 72 Fiebern konnten sich Erkrankte befreien, indem sie eine Weidenrute tragend – in die man einen Knopf machen musste – den Vers „Wiedl, wiedl winn, zweiundsiebzig Fieber sind, das, was ich hab, das häng ich daneben an" sprachen, beim Weggehen die Weide nicht mehr ansahen und schließlich noch kniend fünf Vaterunser beteten. Ähnliche Rituale sind nicht nur aus der Steiermark, sondern auch aus Oberösterreich, dem Waldviertel oder dem Burgenland überliefert.

Wesentlich mehr Fieberarten – nämlich 99 – glaubte man in Böhmen zu kennen. Dort war man überzeugt, dass das Fieber wahlweise mit dem ersten Bissen Brot oder mit dem ersten Löffel Suppe in den Menschen gelangt. Zahlreiche Arzneien wie der Wegerich mit seinen 99 Wurzelchen wurden eingesetzt, um die 99 Fieber zu kurieren. Generell fand der Wegerich als Fiebermittel breiten Einsatz in unterschiedlichen Regionen. Etwas eigenartiger waren die Behandlungen gegen die 72 Fieber, die in der Südsteiermark Anwendung fanden. Dort vermischte man den Kot von 72 Vögeln mit Zucker und Pfeffer, um den Kranken damit zu behandeln. Im Tiroler Zillertal riet der Bauerndoktor Kranken zur Anwendung des folgenden Hausmittels: Hirtentäschelkraut auf die Pulse legen, Spinnweben auf ein Butterbrot legen und essen, Grantenwasser (Preiselbeeren) trinken oder kalte Leibwickel, Lehm-, Topfen-, Kren- oder Rettichwickel auf die Füße. Gegen kaltes Fieber – also Fieber mit Schüttelfrost – sollten Schafgarben kleingehackt und als Suppe gegessen werden, ebenso versprach man sich von Pfirsichkernen, die in starkem Weinessig eingelegt waren und dann gegessen wurden, eine rasche Heilung.

Dass mit aufkommender Bedeutung der (Gemeinde)-Ärzte auf dem Land als Folge des staatlichen Eingriffs in die Volksgesundheit die Pfarrer an Einfluss und Bedeutung verloren, sollte an der grundsätzlichen Gottesfürchtigkeit und der Rolle der Kirchenvertreter für die Landbevölkerung zunächst nichts ändern. Im Gegenteil: Neben den „Vertretern Gottes" wie die Kapuziner-Patres setzten auch Bauerndoktoren und „studierte" Ärzte traditionelle Therapien im Rahmen ihrer Lebensweltmedizin ein. In der Schulmedizin wurde auf die Volksmedizin eher, aber eben nicht nur in der Prävention von Erkrankungen zurückgegriffen. Als 2001 Historiker und Anthropologen im Rahmen eines EU-Interreg-Projektes eine Erhebung der volksmedizinischen Praktiken in Tirol durchführten, erzählten viele der Befragten, wie eng Schulmedizin und Volksmedizin immer verbunden waren. Vor allem in ausweglosen Fällen griffen demnach Ärzte häufig auf traditionelle Praktiken der Volksmedizin zurück. So erinnerte sich eine Bewohnerin an ein „Mädel mit 20 Jahren mit Seitenstechen" (Anm.: Lungenentzündung). Als das Mädchen bereits das „Sterbekreuz" in der Hand hatte, empfahl der Gemeindearzt eine Behandlung, nach der die Erkrankte in ein in eiskaltes Wasser getauchtes Leintuch gewickelt und dann in eine warme Decke gehüllt werden sollte. „Dann ging der Arzt für zwei Stunden zu anderen Kranken. Als er zurückkam, hat ihn das kranke Mädel schon angelacht." Angespornt von derartigen Heilerfolgen begannen Land- und Gemeindeärzte auch schon früher volksmedizinische Therapien wie etwa den Einsatz von Kaffee, Kakao und Tee bei Fieber, Gicht oder Wassersucht immer häufiger auch zu bewerben und zu verordnen. So ist beispielsweise überliefert, dass der in Kitzbühel praktizierende Wundarzt Miersperger Patienten mit Diarrhö „Heilkekse" verschrieb', deren Teig aus unterschiedlichen Kräutern, Ei, Mehl und Muskatnuss bestand. Dem in der Muskatnuss enthaltenen Myristicin, ein Phenylpropanoid, wird eine krampflösende und antibakterielle Wirkung zugeschrieben. Dadurch war der Einsatz dieser „Heilkekse“ bei Durchfallerkrankungen, aber auch bei Kopfschmerzen oder Fieber durchaus erklärbar.

Von den Heilerfolgen der Volksmedizin beeindruckt, publizierte der Wiener Arzt und Medizinhistoriker Max Neuburger (1868–1955) knapp vor dem Ende des Ersten Weltkrieges eine Sammlung verschiedener volksmedizinischer Behandlungen, die sich an seine akademischen Kollegen richtete. Im Vorwort beschrieb Neuburger die Volksmedizin als den „Inbegriff der von alters her übernommenen Heilmethoden und Krankheitsvorstellungen des Volkes“, die sich von den „Heilwissenschaften und der Kunst der Ärzte“ unterschied. Dabei betonte der Mediziner, dass der Ursprung der Volksmedizin in der Selbsthilfe und Nächstenhilfe lag. Anders ausgedrückt: Die ländliche Bevölkerung musste sich ihre eigene Medizin kreieren, weil ein Arzt entweder nicht verfügbar oder nicht leistbar war. Dennoch ließ er keinen Zweifel daran, dass das Maß und die Intensität, mit der Volksmedizin praktiziert wurde, vom Grad der Rückständigkeit der städtischen und ländlichen Bevölkerung abhängig war, denn „rückständige Denkweise“ bringe dem „Arzt ängstliche Scheu, Argwohn, Misstrauen entgegen“, etwas, was auch andere Ärzte wie der Paduaner Francesco Paterno häufig beklagten. Die Gründe für dieses Misstrauen lagen allerdings nicht nur in der einfachen Lebensweise, vielmehr erreichte die „wissenschaftliche Heilkunst“ vor allem abgelegene Regionen eher selten. Aus diesem Grunde vertrauten Bewohner auch jener Heilkunst, die sie von früheren Generationen übernommen hatten, und mit der sie meist selbst therapiert wurden. Die seit einigen Jahren zugänglichen Krankengeschichten des Tiroler Landarztes Franz von Ottenthal offenbaren in Bezug auf die Selbstmedikation der ländlichen Bevölkerung ein interessantes Portfolio. Demnach wurden beispielsweise Kopfschmerzen mit Räuchern mit Wildvogelfedern, Wassersucht mit Räuchern mit Wacholder oder Durchfall mit Mohnkapseln therapiert. Die Bevölkerung griff folglich auf das zurück, was ihnen in ihrem näheren Umfeld wie Gärten und Feldern kostenlos zur Verfügung stand und von der Natur produziert wurde – und vor allem von alters hergebracht war, was Neuburger richtig erkannt hatte, – und die zeitgenössischen Schulmediziner waren schlau genug, mit dem Strom und nicht dagegen zu schwimmen, wenn sie die Therapietreue der Patienten heben wollten. Heute repräsentieren die überlieferten Rezepturen der Hausmittel den jahrhundertealten Umgang mit der Natur und der verfügbaren Heilmittel. Dieser traditionelle Arzneischatz ist seit 2010 Teil des UNESCO Weltkulturerbes.

Da die Volksmedizin aus der Bevölkerung selbst kommt, stellt sie die bedeutsamste und authentischste Lebensweltmedizin überhaupt dar. Und sie stieß nicht nur in der bäuerlichen Bevölkerung auf fruchtbaren Boden, sondern auch bei einem „Arzt" aus den Reihen der Bauern selbst: dem Bauerndoktor. Dieser „Arzttypus" war bäuerlicher Herkunft, nicht akademisch für den Medizinerberuf ausgebildet, stand aber in seiner Einsatzbereitschaft den akademischen Ärzten um nichts nach. „Placken und Schuften" für Mensch und Tier füllten das Dasein des Bauerndoktors. Der Bauerndoktor hatte lange Arbeitstage und große Distanzen zu bewältigen, die er zu Fuß oder mit der Pferdekutsche zurücklegte, um zu den oft weit auseinanderliegenden Bauernhöfen in der Alpenregion und anderswo zu gelangen. In seinen Händen lag tatsächlich noch im 19. Jahrhundert ein Großteil der medizinischen Versorgung der Landbevölkerung, was die Vermutung nahelegt, dass seine scheinbar flächendeckende Akzeptanz eng mit seiner Lebensweltmedizin verbunden war. Damit präsentierte er sich als Teil der bäuerlich-ländlichen Lebenswelt und erlangte – nicht zuletzt auch wegen seiner eigenen bäuerlichen Herkunft – das Vertrauen der Bevölkerung eher und leichter als Wundärzte und Doktoren der Medizin.

Bauerndoktoren erlangten aber nicht nur in der bäuerlichen Bevölkerung hohe Sympathiewerte, sondern hatten ihren Patientenstock durchaus auch in bürgerlichen Kreisen in ihrem Einzugsgebiet und häufig auch darüber hinaus. In der deutschsprachigen Schweiz konnte beispielsweise der Bauerndoktor Michael Schüppach (1707–1781) Zeitungsberichten zufolge „vornehme[n] Leute aus allen Ländern" helfen. Begründet wurde es damit, dass „er Mode war" und dass „auf seinen Büchsen und Salbentöpfen wunderliche Namen [Anm. Maria-Theresia-Öl] angebracht" waren. Konkret dürfte er „Schwelgern und Prassern", also möglicherweise übergewichtigen Lebemenschen, in erster Linie „frugale" – einfache und kalorienreduzierte – Kost verordnet und ihnen damit höchstwahrscheinlich zu einem Gewichtsverlust und folglich mehr Lebensqualität verholfen haben. Mit diesen wohlhabenden Patienten, die schnell zu „kurieren" waren, dürften Bauerndoktoren doch einiges an Geld verdient haben. Zumindest berichtete der ladinische Bauernsohn Anton Molling von den wohltätigen Diensten des Bauernarztes und Heilers Hintner. Molling, der 1915 in den Dienst des Bauernarztes trat, hob in seinen Erinnerungen die geselligen Abende, das gute Essen und auch Trinken hervor. Anders ausgedrückt: Bauerndoktoren dürften neben ihren medizinischen Einsätzen auch eine bedeutsame soziale Rolle gespielt haben und auf diese Weise nach und nach zu einem volksnahen Heiler mutiert sein. Was auch erklären würde, warum in diversen Bauernkalendern oft seitenlange Ruhmesgeschichten über Bauerndoktoren zu lesen waren.

Einer von ihnen war der Kiendler im Zillertal. Kiendler hieß eigentlich Alois Neuner, wurde 1863 geboren und übernahm vom Onkel seiner Frau eine Heilmittelrezeptsammlung. Neben der Vertrautheit mit dem Landleben – er begann als Tierdoktor zu arbeiten – kümmerte sich der Bauerndoktor Kiendler kostenlos um seine Mitbürger, was ihm natürlich in der armen Bauerngesellschaft viel Sympathie und zahlreiche Patienten einbrachte. Bauerndoktoren scheinen generell selten Geld für die Behandlungen genommen zu haben. Denn auch Anton Auer alias der Gerharter, der im Oberinntal praktizierte, behandelte die armen Bauern für ein „Vergelt's Gott". Waren die Bauern jedoch finanziell bessergestellt, dann bezahlten sie für Gerharters Behandlung entweder mit Geldspenden oder in Naturalien. Sonntags nach der Messe behandelte er weitere Kranke kostenlos im Gasthaus.

Zurück zum Kiendler: Seine Heilerfolge waren bald über die Grenzen des Zillertales hinaus so bekannt, dass der Elf-Uhr-Zug der Zillertalbahn wie selbstverständlich Kiendler-Zug genannt wurde, weil er in der Regel zahlreiche Patienten zum Bauerndoktor brachte. Im Zentrum von Kiendlers Tätigkeit stand die Diagnostik mittels Harnbeschau: Farbe, Trübung und Konsistenz zog der Kiendler dabei für seine Diagnosen heran. Obwohl der Kiendler als feinfühliger Mensch bekannt war, dem es gelang, sich auf seine Patienten „einzuschwingen“, wirkte er häufig grob und unnahbar – was ihn aber in einer bergbäuerlichen Gesellschaft nicht unbedingt zu einem Außenseiter machte. Ganz im Gegenteil: In einer Gesellschaft, die von den Launen der Natur abhängig war, die ihren Wert über den Ertrag der Felder und der Hoftiere definierte und ihr Leben entlang der Trias Kirche, Arbeit, Sterben ausrichtete, konnte nur Direktheit punkten. Daher muss auch Kiendlers Aussage einer Patientin gegenüber, die ihn wegen einer Blasenentzündung aufsuchte, vor eben diesem Werte- und Normenkonstrukt bewertet werden: „Du narrische Nudel du, leg dir an längeren Kittel an, nacha kimmt dir der Wind nit so hoach aufi!“ Anders ausgedrückt: Kiendler machte auf das Naheliegende aufmerksam, ein längerer Rock verhindert Verkühlung und folglich Entzündungen und im schlimmsten Fall Arbeitsausfall oder Unfruchtbarkeit.

Doch neben all den Erfolgen, die Bauerndoktoren Überlieferungen zufolge durchaus erzielten, sind auch zahlreiche Fälle bekannt, wo sie eindeutig gepfuscht hatten und dann der Wundarzt einschreiten musste. Dennoch weigerten sich die betroffenen Bauern oder Arbeiter in den meisten Fällen zunächst noch, den Wundarzt aufzusuchen, und drängten weiter auf Hilfe durch den Bauerndoktor. Am häufigsten kamen Behandlungsfehler offenbar bei Knochenbrüchen vor, vor allem dann, wenn „Knochen anstatt ineinander zu liegen übereinander zu liegen gekommen“ waren. Durch die verzögerte Heilung kamen Arbeiter durch einen Arbeitsausfall im schlechtesten Fall in materielle Bedrängnis. Die Wundärzte und Doktoren der Medizin, die dann schlussendlich doch zu Rate gezogen wurden – in den allermeisten Fällen gegen den expliziten Wunsch der Patienten –, erstatteten häufig Anzeige gegen den betreffenden Bauerndoktor. Dieser musste sich dann wegen Kurpfuscherei vor Gericht verantworten und wurde in der Regel zu einigen Wochen „strengen

Arrest verschärft durch ein hartes Lager und einen Fastentag jede Woche" verurteilt. Doch sobald der Bauerndoktor wieder auf freiem Fuß war, konsultierten die Bewohner der betreffenden Orte im Krankheitsfalle wieder ihn und nicht den Gemeinde- oder Landarzt. Das zeugt von dem standhaften Vertrauen und der unbeugsamen Loyalität, die einfache Leute diesem Arzttypus entgegenbrachten, obwohl seine Behandlungen mitunter auch fatal endeten. Zeitungsberichten zufolge erstatteten die betreffenden Bauerndoktoren dann häufig Selbstanzeige – womit sie ohne Zweifel im Ansehen der Bevölkerung abermals stiegen.

Derjenige, der sich letztlich doch für die Konsultation eines akademisch ausgebildeten Arztes entschied, nahm entweder zu Fuß, per Pferdegespann oder lediglich durch das Entsenden einer Magd oder eines Knechts Kontakt zu einem Arzt auf, um sich den teureren Hausbesuch des jeweiligen Land- oder Gemeindearztes zu ersparen. Das Sparen ging allerdings auf Kosten der treffsicheren Diagnose und Behandlung, wenn lediglich die Magd oder der Knecht entsandt wurde, denn in der Regel konnten diese Boten nur sehr eingeschränkt Auskunft über die Krankheit geben. Das Ergebnis: Auch der Arzt konnte nur Mutmaßungen über die Krankheit anstellen und Arzneien und Therapien ebenso vage verordnen. Wenn nun auch noch der Bote die verschriebene Arznei – aus welchen Gründen auch immer – nicht rechtzeitig zum Patienten brachte, dann konnte das für den Erkrankten mitunter fatale Folgen haben.

Weniger Scheu vor dem persönlichen Arztbesuch und generell dem Arztkontakt dürften die Bewohner des Südtiroler Tauferer Ahrntales beziehungsweise insbesondere der Region Sand in Taufers gehabt haben. So berichtet Elena Taddei in ihrer Biografie des Landarztes Ottenthal, dass die ländlichen Patienten „relativ häufig und nicht nur aufgrund von gravierenden, lebensbedrohlichen Gesundheitsgefährdungen" die Arztpraxis aufsuchten. Die Historikerin führt dies auf den „hohen Stellenwert, den körperliches Wohlbefinden" auch im ländlichen Raum hatte, zurück. Dazu kam, dass Bauern in dieser Region kaum Hemmungen hatten, „mit dem Arzt über Schmerzen" zu sprechen, ungeachtet dessen, dass körperliche Leistungsfähigkeit auch mit sozialem Ansehen einherging. Folglich liegt die Vermutung nahe, dass diese Kommunikationsbereitschaft ein interessantes Spezifikum dieser Region, des Tales oder gegebenenfalls sogar Tirols gewesen ist. Taddei zitiert in weiterer Folge auch die ersten paar Zeilen eines Patientenbriefes, die von ein paar Kleinigkeiten abgesehen nicht nur beinahe fehlerfrei geschrieben sind, sondern aus deren Formulierung auch das Vertrauen, das die Bauern ihrem Arzt entgegenbrachten, herauszulesen ist. Eine derartige Kommunikationsfreudigkeit und Aufgeschlossenheit lassen sich freilich nicht flächendeckend in allen Regionen und Kronländern finden. Die Gründe dafür sind mannigfach und reichen vom Bauerntypus und seiner Mentalität bis hin zum bäuerlichen Alphabetisierungsgrad. Tatsächlich war die Analphabetenrate in vielen ländlichen Regionen der Monarchie, unter anderem beispielsweise im Küstenland (Görz-Gradisca, Istrien) an der Adria, auch zu Beginn des 20. Jahrhunderts sehr hoch. So konnten konkret im Küstenland noch um 1910 etwa 30 Prozent der Männer und 46,5 Prozent der Frauen über zehn Jahre in Istrien beziehungsweise 13,5 Prozent der Männer und 17,5 Prozent der Frauen in Görz-Gradisca weder lesen noch schreiben. Zeitgenössische Ministerialbeamte wie der Ökonom Hermann Ritter von Schullern zu Schrattenhofen (1861–1931) bewerteten sogar 90 Prozent der Pachtbauern in Istrien und Görz-Gradisca als Analphabeten. Diese Bauern beschäftigten selbst für ihr Testament eigene kirchliche Schreiber und hätten folglich gar keine briefliche Korrespondenz mit ihrem Arzt führen können. Doch auch bei höherer Alphabetisierung wären die Mentalität und die Introvertiertheit der küstenländischen Bauern einer ähnlich offenen Kommunikation mit ihrem Arzt – so sie überhaupt einen aufsuchten – im Weg gestanden. Die offene Arzt-Patienten-Kommunikation in der Region Sand in Taufers beziehungsweise in diesem Tal muss folglich als Beleg für eine äußerst fortschrittliche und zugängliche Bauerngesellschaft gewertet werden.

Arbeiter - die Spirale der Armut

Na Frau Doni, wo kommen den Sie her, ganz krump und weinerlich; Frau Nani, Sie wissen ja selber am besten, daß wir Weiber mehr arbeiten müssen, als die Männer, wenn wir nit wolln an der Hunger-Auszehrung sterben, denn das wissens ja, daß der Verdienst, wenn man den theuern Zins abrechnet, nicht mehr aufs trockene Brod aus reicht, und daß die Kinder schon mit acht Jahr arbeiten müssen..., daß die Reichen immer zusamm halten, und schon einzutheilen wissen, daß der Arme nit mehr auskommen kann, und dann die Armen behandeln, als wens noch Gott danken müßten, daß gar nur auf der Welt duldt werden.
Aus: Das Angebinde an die Rossauer-Armen-Doktoren
und ihre Wohltätigkeit, 1848

Frauen- und Kinderarbeit, lange Arbeitsstunden und geringe Entlohnung prägten den Alltag der Arbeiter des 19. Jahrhunderts. Dazu kamen schlechte Ernährung, Hunger und Krankheit. Tatsächlich war die Stadt als Folge der Industrialisierung einem ungeregelten Wachstum ausgesetzt. Die Lebensumstände, die fehlende Kanalisation, Trinkwasserversorgung und Müllabfuhr und das Zusammenwohnen zahlreicher Personen auf engstem Raum ohne fließendes Wasser und individuelle Toiletten, die mangelnde Hygiene in den Wohnräumen und das Teilen der Betten mit fremden Bettgehern forderten ihren Tribut: Schwindsucht, Cholera und Rachitis griffen um sich – und sie waren beileibe nicht die einzigen Erkrankungen. Dazu kam: Einen Arzt konnte man sich nicht leisten – Krankheit wurde daher auch mehr gefürchtet als alles andere, denn in der Regel bedeutete Krankheit den existenziellen Untergang.

Vor dem Hintergrund der sozioökonomischen Abwärtsspirale der breiten städtischen Bevölkerung war die Medizin gezwungen, einen Wandel zu vollziehen: Sie wurde sozial und – wie Historiker betonen – zu einem „staatlichen Aktionsfeld“, denn nur der gesunde Bürger war auch ein ökonomisch wertvoller. Die Regie in der Etablierung sozialmedizinischer Maßnahmen und weiterer sozialpolitischer Überlegungen wie den Ausbau der Kanalisation oder der Wasserversorgung führten die erdrückende Not und Armut der Massen. Der zumeist aus den Oberschichten stammende Arzt war in diesem Zusammenhang sowohl Protagonist als auch Statist. Protagonist in Bezug auf Heilmethoden, Statist in Bezug auf die Arzt-Patienten-Beziehung. Denn die Expertenmacht, die sich Ärzte vor allem in der zweiten Hälfte des 19. Jahrhunderts erarbeitet hatten, war kein Garant dafür, dass es dem Arzt auch gelang, Werte und Geisteshaltung von Patienten der unteren Schichten und der Labouring poor, also der verarmten Arbeiterklasse, zu verstehen oder nachzuvollziehen. In einem Milieu, in dem das simple tagtägliche Überleben über allem stand, nehmen sich entsprechende Strategien heute befremdend aus.

Heinrich Mann beschreibt in seinem 1917 erschienen Roman *Die Armen* Arbeiter des Wilhelminischen Zeitalters als hart und zielgerichtet. „[D]er Alte [war] genötigt, weil [ihm] seine Kinder das Geld seiner Altersversorgung abnahmen und ihm nicht satt dafür zu essen gaben. [...] Welcher Vorwurf traf einen Kameraden, der Frau und vier Kinder hindurchbrachte. Besser, es hungerte ein Alter." Eine Welt also, die einem Bürgerlichen oder Adeligen fremd bleiben musste, denn im Krankheitsfall waren nicht nur ihre Versorgung, sondern auch die Therapie und Rekonvaleszenz gesichert. Den Arbeiter hingegen, schickte „[der] Kassenarzt schon wieder zur Arbeit, obwohl er im Knie seit seinem Unfall noch immer eine Schwäche hatte" und [ihm] „die Furcht hinzufallen zwischen die Müllräder und zermahlen zu werden mit dem Holzstoff, Schwindel [machte]". Mann zeigt anhand von Romanfiguren, wie eng die körperliche Unversehrtheit mit dem Überleben der Familie im Deutschland unter Wilhelm II. verknüpft war – doch nicht nur im wilhelminischen Deutschland, auch in Österreich-Ungarn hing von der körperlichen Leistungsfähigkeit von Arbeitern und Bauern das Überleben der gesamten Familie ab.

Was aber, wenn die Leistungsfähigkeit einbrach? Wenn der Hauptverdiener einer Arbeiterfamilie krank wurde oder gar verstarb? Das war bis 1880 ein Freifahrtschein in Richtung des absoluten Ruins. Erst in den 1880er Jahren wurde die gesetzliche Sozialversicherung ins Leben gerufen. Diese gliederte sich in eine Selbstverwaltung durch Arbeitgeber- und Arbeitnehmer und umfasste die Kranken-, Unfall- und Pensionsversicherung. Allerdings war auch damit die Absicherung der Familie weiterhin unzureichend. Damit waren auch bis ins 20. Jahrhundert hinein Arbeiterfamilien die vulnerabelste soziale Gruppe der Monarchie. Ein Arbeitsunfall oder längerer Ausfall des Hauptverdieners bedeutete nicht selten den weiteren Abstieg einer Familie von bereits zuvor gelebter Armut, die trotz zusätzlicher Kinderarbeit nicht gelindert werden konnte, in eine noch größere Armut, wie das Schicksal einer Kärntner Arbeiterfamilie im Ersten Weltkrieg zeigt.

Es war der 14. Februar 1915. Ein Sonntag. Ein kalter Wintertag, an dem es bereits tagsüber leicht geschneit hatte. Der 47-jährige Maschinenwärter Josef K. ging gegen Abend von seiner nahegelegenen Arbeiterunterkunft der Bleiberger Bergwerksunion zu Fuß zurück zum Fabriksgelände. Er wollte im Maschinenraum die untertags stillgestandenen Maschinen wieder zum Laufen bringen, verfing sich dabei im Keilriemen, wurde mitgerissen und schließlich mit voller Wucht gegen die Wand hinter der Maschine geschleudert. Der sechsfache Familienvater, der Jahre zuvor als Arbeiter der Bahnhofsbrücke von Glödnitz nach Arnoldstein gekommen war, arbeitete zum Zeitpunkt seines Unfalls seit mehr als zehn Jahren in der Fabrik. Seine Frau Rosalia fand ihren blutüberströmten Mann mit gebrochener Schädeldecke tot im Maschinenraum, als sie ihn suchte, weil er so lange nicht nach Hause gekommen war. Für Josef kam jede Hilfe zu spät. Zurück bleib seine Familie, die endgültig zu Gemeindearmen wurde. Zwar erhielten sie nach dem Unglück noch eine finanzielle Zuwendung aus der Bruderlade, die bereits im Mittelalter in Bergwerken zur Absicherung im Krankheits- und Todesfall eingeführt wurde, dennoch rutschte die Familie unweigerlich in die Armut ab und blieb vor weiteren Schicksalsschlägen nicht verschont: Kaum ein Jahr nach seinem Vater wurde der älteste Sohn Gottfried beim Spielen getötet, als eine gefundene Handgranate explodierte. Der Armenarzt, der den Jungen nach dem Unfall erstversorgte, konnte nichts mehr für ihn tun. Sein jüngerer, knapp siebenjähriger Bruder Johann wachte am Bett des Bruders und befand – nachdem er seine Hand unter den Rücken des im Bett liegenden bereits toten Bruders geschoben hatte –: „Es geht ihm bald besser, der Buckel [Anm.: Rücken] ist ganz warm."

Analog zur vorherrschenden Klassengesellschaft des 19. Jahrhunderts kam es noch Mitte des Jahrhunderts zur Ausbildung von Patientenklassen, die sich entlang der Formel orientierten, dass die bürgerliche eine arbeitsscheue, besserwisserische Niete sei, während der Arbeiter arbeitsam und leidgewohnt war. Wie kam es dazu? Der Dichterarzt Feuchtersleben, ein akademisch gebildeter Bürgerlicher, unterstellte seinen – in erster Linie bürgerlichen – Patienten in seinen Werken nicht nur eingebildete Krankheiten, er ging so weit, ihnen sogar vorsätzlichen Betrug zu attestieren: „Das sind jene Nieten von Menschen, [...] die zur Heilkunst [ihre] Zuflucht nehmen müssen, weil man sich nicht der Wunden und unausweichlichen Krankheiten wegen, sondern um des Müßigganges und der Üppigkeit willen, Zustände zuzogen, für welche die klugen Nachkommen des Äskulap erst Namen erfinden müssen – ist das nicht schändlich?"

Diesen „Nieten" stellte er den braven Zimmermeister gegenüber, der einen Arzt im Krankheitsfalle zu Rate zieht, seine Therapien – von ekelhaften Reinigungen über Schneiden bis zu Brennen – hinnimmt, um „seines Übels entledigt" zu werden. Was der Zimmermann im Gegensatz zur „Niete" nicht akzeptieren würde, wäre die Verordnung „einer langweiligen Lebensordnung", denn „es würde ihm wenig frommen, seine Gedanken immer mit der Krankheit zu beschäftigen" und seiner eigentlichen Beschäftigung nicht mehr nachzugehen. „Leb wohl! würde er einem solchen Arzte [Anm.: der ihm Ruhe verschreibt] zurufen, zu seiner gewohnten Lebensweise zurückkehren, gesund werden, leben und arbeiten." Anders formuliert: Der Arbeiter als „Versuchstier" ungeübter Arztkunst steht dem die Schulmedizin einfordernden Intellektuellen aus dem Bürgertum gegenüber. Und dennoch: Kollektive und flächendeckende Heilerfolge blieben weitgehend aus. Im Zentrum der ärztlichen Arbeit standen daher auch primär Diagnose, die Verschreibung von Arzneimitteln und die Hygiene als Krankheitsprävention.

Die Geistlichkeit begann sehr bald die unterschiedliche Krankenbehandlung anzuprangern, wie die nachfolgende Geschichte, die aus einer Predigt anlässlich des Patronatsfestes des Privatkranken- und Pensionisteninstitutes für Handlungs-Commis in Wien stammt, erkennen lässt. Der Pfarrer Karl Hünner kritisierte darin die Klassenunterschiede, die bei der Behandlung von Kranken aus dem Bürgertum und der Arbeiterschaft gemacht wurden. Dabei ging er nicht nur auf die sozioökonomischen Komponenten ein, sondern zeigte auch auf, wie unterschiedlich Armen- und „Bürger"-ärzte arbeiten konnten und mussten. Während nämlich die einen darum buhlten, als Erster zu einem Adeligen oder Bürger gerufen zu werden, arbeiteten die anderen rund um die Uhr und hatten pro Krankenbesuch lediglich ein paar Minuten Zeit. Bei der einen Patientengruppe ging es um Geld und bei der anderen nicht einmal um die nötige Anerkennung der Arbeit des Arztes.

Als ihr Mann 1872 erkrankte, machte sich Frau Doni auf den Weg zur Wohltätigkeitsanstalt, um nach dem Armenarzt für ihren kranken Mann zu suchen. Dort befragte man sie sorgfältig und notierte sich alles, was Frau D oni über die Erkrankung ihres Mannes und die sozialen Umstände erzählte. Danach schickte man sie wieder weg. Zur Arbeit konnte sie an diesem Tag nicht mehr, das bedeutete den Verlust eines ganzen Tageslohnes, am Abend kochte sie Einbrennsuppe und jedes Familienmitglied bekam dazu ein kleines Stückchen des harten Brotes. Erst am nächsten Tag kam der Armenarzt. Er war ein verständiger und gutherziger, jedoch völlig überarbeiteter und übermüdeter Mann. Für Diagnose und Behandlung von Frau Donis Mann blieben ihm nur wenige Minuten Zeit und auch die Einladung zum äußerst dünnen Kaffee musste er ausschlagen. Weitere 15 Krankenbesuche lagen an diesem Abend noch vor seinem Feierabend. Herr Doni brauchte viele Wochen, bis er sich erholte, doch arbeiten gehen konnte er nicht mehr. Um den Lohnausfall zu kompensieren, verkaufte die Familie alle Habseligkeiten, die sie noch besaß. Die Familie verlor ihre Zweizimmerwohnung und wurde gepfändet. Herr Doni starb zwei Monate nach dem erstmaligen Besuch des Armenarztes an seiner Schwindsucht …

Uebelstände, wie schlechte und ungenügende Nahrung, Hunger, Noth und Elend, schlechte, feuchte, überfüllte Wohnungen, grosse Unreinlichkeit, mangelhafte, nicht der Jahreszeit angemessene Kleidung, eine schlechte, von mephitischen und Fäulnissstoffen überfüllte Luft, schlechtes Trinkwasser, große Strapazen etc. **kurz alles, was geeignet ist, die Widerstandfähigkeit ... herabzusetzen.**

Aus: Prophylaxis der übertragbaren Infectionskrankheiten, 1881

Die Geißeln der Unterprivilegierten

PELLAGRA UND TUBERKULOSE

Auch wenn das lange 19. Jahrhundert einige der wichtigsten medizinischen und gesellschaftlichen Meilensteine für die folgenden Generationen gesetzt hat, verharrte es in weiten Teilen weiterhin in Armut, Schmutz und Elend. Die desaströsen Lebensbedingungen der Bauern und Arbeiter waren die Brutstätte der größten Herausforderungen dieses Jahrhunderts: der Infektions- und Mangelkrankheiten. Neben der Pest, Cholera und den Pocken (Blattern) rafften die Schwindsucht (Tuberkulose) in den Städten und die Pellagra in den agrarisch dominierten Kronländern Tausende hinweg und stellten zweifelsfrei die bedeutsamsten Herausforderungen der öffentlichen Gesundheit des 19. Jahrhunderts dar. Die Infektionskrankheiten unterschieden sich hinsichtlich ihrer Krankheitsverläufe und -ausbreitung, aber auch die Medizin begegnete ihnen in erster Linie mit unterschiedlichem Wissensstand und divergierenden Erkenntnissen. So gab es etwa für die Pocken bald erfolgreiche Präventionsmaßnahmen, die sich von Großbritannien über Mitteleuropa bis nach Österreich ausbreiteten, während das Mittel der Wahl – oder vielmehr der Ohnmacht öffentlicher Einrichtungen – bei anderen lediglich Sanitätspolizei hieß. Ihr übertrug man die Detektion des Hygienestatus in der Bevölkerung, um entlang der vorherrschenden medizinisch-wissenschaftlichen Meinung auf diese Weise wenigstens Hilfsursachen, die zur Entstehung von Epidemien beitrugen, rechtzeitig ausschalten zu können. Denn: „Je mehr die Armuth zunimmt, desto mehr Infectionskrankheiten." Wie sich nun die lebensweltspezifische Armut und Not auf die Entwicklung, Erkennung und Bekämpfung von Seuchen beziehungsweise epidemisch verlaufenden Erkrankungen auswirkte, soll hier anhand der Tuberkulose in der Stadt und der Mangelerkrankung Pellagra auf dem Land beschrieben werden. Dabei ist nicht nur anzunehmen, dass die lebensweltbedingte Armut lebensweltspezifische, endemisch verlaufende Erkrankungen bedingte, sondern fließende Übergänge zwischen dem Bauern- und Arbeiterstand die Seuchengefahr zusätzlich vergrößerten.

Zeitgenössische Mediziner und Politiker tendierten dazu, die Gründe der über Jahrzehnte eher schleppend verlaufenden bis erfolglosen Bekämpfung von Epidemien in der wachsenden Kluft zwischen dem Bauerntum und der Arbeiterschaft zu verorten. Immerhin brachen bei den „sesshaften Bauern" mit ihrer „gesicherten Existenz", die von den Erzeugnissen ihres Bodens lebten, eher selten Infektionskrankheiten in „großer Extensität und Intensität" aus. Erkrankten die Bauern dann doch, wurde die Infektion als das Resultat einer von außen in die bäuerliche Lebenswelt eingeschleppten Erkrankung betrachtet. Den sesshaften Bauern standen die „in steter Bewegung" befindlichen Arbeiter gegenüber, die häufig den Aufenthaltsort wechselten und ein Leben führten, das nach Auffassung der Mediziner und Politiker von einem Tag mit „viel Verdienst" und dem anderen in „Noth" gekennzeichnet war. Zumindest in Bezug auf die Ätiologie von Epidemien und Infektionskrankheiten traf diese These durchaus den Kern der Problematik: Infektionserkrankungen auf dem Land, aber auch in der Stadt waren in der Regel das Resultat externer Trigger wie verschmutztes Wasser oder Ähnliches. So sind beispielsweise aus dem Küstenland der Donaumonarchie Malariaepidemien in den Sumpfgebieten von Istrien bekannt, und auch die Cholera im Küstenland wurde durch externe Faktoren ausgelöst: Die Wasserknappheit in Görz-Gradisca führte dazu, dass die Bevölkerung in den Sommermonaten in erster Linie verschmutztes und verseuchtes Wasser trank. Ähnlich war die Situation bei Typhus: Er breitete sich vor allem bei Bauernkindern aus, die „in den Straßen, Kehrrichtwagen und Mülltonnen verdorbene und weggeworfene Lebensmittel und Obst sammelten und aßen". Das Ergebnis: Infektionserkrankungen waren in den Jahren 1895 und 1906 in Görz-Gradisca neben Herz-Kreislauf-Erkrankungen die Haupttodesursache.

Auch im städtischen Bereich war die Versorgung der Bevölkerung mit sauberem Trinkwasser lange Jahre ein ungelöstes oder zumindest nur teilweise gelöstes Problem; eng damit verbunden war die Abwasserproblematik. Allerdings hält weder die Behauptung des einen Tag „reichen", des anderen „armen" Arbeiters noch die Wanderbewegung der Arbeiter einer genaueren Prüfung stand. Einerseits beklagte die Stadtpolitik zwar die anhaltende Armut der niederen Klassen in den Vororten Wiens, andererseits musste sich die Verwaltung eingestehen, dass sie von der tatsächlichen „Bewegung der Bevölkerung" in den Vororten aufgrund fehlender Datenerhebungen keine Ahnung hatte. Dabei erwies sich laut Behörden vor allem die weitgehende Unkenntnis der eigentlichen Gesundheitsverhältnisse in den Vororten als äußerst problematisch, weil „ihre Lage … ein weit intensiveres Eingreifen der öffentlichen Organe in sanitärer Beziehung" erfordert hätte. Und zudem „diesen Personen viele Hilfsmittel versagt blieben, welche den bemittelten und reichen Classe zu Gebote" standen. Anders ausgedrückt: Die Armen in den Vororten siechten im Krankheitsfall – insbesondere bei den zahlreichen Endemien – ohne ausreichende medizinische Versorgung vor sich hin. Dass sich diese Tatsache verheerend auf die öffentliche Gesundheit auswirkte, war den Behörden zumindest klar: „Die Epidemien wirken in den Hütten der Armen geradezu verheerend und bedrohen dann auch die Paläste der Reichen." Somit waren nicht nur die Brennpunktzonen bekannt, es wurde vor allem die Gefahr, die in Bezug auf übertragbare Krankheiten von diesem Konglomerat an armen Kranken ausging – gemeinsam mit der Forderung, die Entlohnung der Armenärzte empfindlich anzuheben, um die Verweildauer der Ärzte in diesem Segment zu erhöhen –, auf die politische Agenda gebracht. Der Politik war klar, dass man bei einem noch größeren Armenärztemangel in den Vororten und Armenvierteln der Innenstadt in Wien Seuchen noch schutzloser gegenüberstand.

Die Zahl der unter- oder schlecht ernährten Bauern war kaum geringer als jene der Arbeiter –bisweilen ließ sich die Trennlinie zwischen dem Arbeiter- und dem Bauernnotstand gar nicht ziehen. Der Grund: Die wirtschaftliche Lage und die Ernteeinbrüche durch die Kartoffelkrankheit, Überschwemmungen und Dürren ließen den Übergang zwischen Bauerntum und Arbeiterschaft fließend werden und die Zahl der Lohnarbeiter in den Bauernfamilien nahm ab den 1870er Jahren stetig zu. Daher muss beispielsweise das bekannte „Weber-Elend" der 1870er und 1880er Jahre auch aus dieser Perspektive betrachtet werden. Einerseits war diese Berufsgruppe über viele Jahre Marktveränderungen besonders schutzlos ausgeliefert, andererseits verschärfte die fehlende Risikostreuung auf individueller – also familiärer – Ebene die einzelnen Notstandsphasen. Immerhin war in bestimmten Orten in Böhmen mehr als ein Viertel der Bevölkerung, die Kinder unter 14 Jahren nicht miteingerechnet, in den Webereien tätig. Gesellte sich nun in einem Jahr zur geringeren Auftragslage in der Weberei eine geringe Kartoffelernte, verdoppelte sich die Not mit einem Schlag. So war der „Hungertyphus" ein Allzeitbegleiter – nicht nur in den ärmeren, sondern auch in den reicheren Kronländern wie Böhmen.

Allerdings ist der Terminus „Hungertyphus" irreführend, und bereits im 19. Jahrhundert schien es hinsichtlich dieser Bezeichnung zu Kontroversen unter den Ärzten gekommen zu sein: Demnach gab es wohl einen Teil der Ärzteschaft, der den Hungertyphus auf die „sociale Notlage" der Erkrankten zurückführte, und einen anderen, der „Einschleppung und Ansteckung" als Ursache der Erkrankungsfälle bestimmte, da „vor allem die Anhäufung menschlicher und thierischer Ausdünstungen in geschlossenen Räumen die Entstehung des Contagiums" begünstigte. In der Vierteljahresschrift für die praktische Heilkunde beschrieb in diesem Sinne der Arzt Leo Müller die Lebensbedingungen der Bewohner von Lötzen (Polen), die 1868 zur Typhusepidemie geführt haben: „Es geht auf's deutlichste hervor, dass die Zustände im Allgemeinen das Bild des tiefsten socialen Elendes darbieten. In den überfüllten Stuben – im Mittel von 800 bis 1.000 Kubikinhalt für zwölf bis 20 Personen – liegt meist der feuchte, nackte, mit Unrath imprägnirte Erdboden zu Tage, der fast nie gekehrt wird. Niemals wird geheizt; es ist meistens nicht einmal ein Ofen vorhanden. Die Nothdurft wird in der Stube oder vor derselben verrichtet. Gelüftet wird gar nicht, die Leute heizen eben ‚mit dem gefährlichsten Material, den menschlichen Ausdünstungen'. Die Nahrung besteht aus Branntwein, Kartoffeln, Kohl und dergleichen, selten Häring oder Speck, ausnahmsweise Fleisch. Dazu kommt die äusserste Unsauberkeit, Aberglaube, der die Leute in Krankheiten statt zum Arzte zu Zaubermitteln Zuflucht nehmen lässt, moralische Verkommenheit."

Tatsächlich könnte diese Beschreibung der Lebensumstände der Landbewohner auch aus einem der österreichischen Kronländer stammen. Armut kennt bekanntlich keine nationalstaatlichen Besonderheiten, sondern hat überall ungeachtet der Nationalität, Religion und Kultur das gleich triste Erscheinungsbild. Doch zurück zum medizinisch-wissenschaftlichen Diskurs hinsichtlich der Krankheitsauslöser. Schließlich fanden die Ärzte heraus, dass der sogenannte Hungertyphus „gerade unter Wohlgenährten" eine hohe Mortalitätsrate aufwies. Unter den Landarbeitern – so die Beobachtung Müllers – wurde die höchste Infektions- und Mortalitätsrate in jenen Orten des Kreises Lötzen verzeichnet, wo sich „die Arbeiter direct und permanent concentrierten". So kam der Mediziner Müller auch zu dem Schluss, dass die Krankheit „nicht die Folge des Hungers, sondern der Verschleppung" war.

Angesichts all der Schilderungen der herrschenden Armut in medizinischen Fachblättern wie jene von Müller, in unterschiedlichen Publikumsmedien oder auch durch Interpellationen diverser Abgeordneter kann also kein Zweifel darüber bestehen, dass die Not der Unterschichten Politik, Verwaltung und Medizin großteils bekannt war. Dennoch lassen sich bisweilen von durchaus angesehenen Medizinern, die vor Ort in den Regionen tätig und auch politisch aktiv waren, Darstellungen des bäuerlichen Lebens finden, die auf dem ersten Blick so ganz und gar nicht mit dem allgemeingültigen Narrativ des „faulen, verschlagen und dummen" Bauern einerseits und der bäuerlichen Not andererseits übereinstimmen, ja sogar im klaren Widerspruch zu ihnen stehen. Auffallend dabei ist zudem, dass Armut etikettiert wird: als zum einen jene der Arbeiter und zum anderen jene der Bauern. Solch eine merkwürdige Darstellung findet sich auch in Friedrich Presls (1842–1906) *Handbuch zur Prophylaxe von Infektionskrankheiten.* Presl war als Bezirksarzt im böhmischen Jičín, einem 9.000-Seelen-Ort nordöstlich von Prag, tätig. In seinem in den 1880er Jahren erschienenen Standardwerk für niedergelassene Ärzte beschreibt der aufgrund seiner Verdienste später mit dem Ritterkreuz des Franz-Joseph-Ordens ausgezeichnete Mediziner das Bauernleben mit Begriffen wie Sesshaftigkeit, hebt die gesicherte Existenz der Bauern hervor und charakterisiert den Ackerbau als unversiegbare Nahrungsquelle. Damit vermittelt er nicht nur einen gewissen bäuerlichen Wohlstand, der realiter nicht existierte. Vielmehr verkennt er die in der Monarchie bestehenden Facetten der bäuerlichen Lebenswelten – was allerdings angesichts Presls statistischer Publikationen, seiner sozialpolitischen Aktivitäten und vor allem seiner Tätigkeit im Ministerium des Inneren paradox wirkt.

Es muss also einen besonderen Grund geben, aus dem Presl sich dazu hinreißen ließ, ein ländliches Idyll zu zeichnen. Bekanntermaßen gab es in Böhmen verhältnismäßig viele weitläufige und geschlossene Besitzungen und große landwirtschaftliche Industrien, die der Adel noch bis weit in die 1870er Jahre lenkte. Hinzu kam, dass das Genossenschaftswesen und Fördervereine in Böhmen bereits seit 1847 eine besondere Bedeutung für die soziale Absicherung von Arbeitern und Bauern hatte. Eine flächendeckende und nachhaltige Abfederung bäuerlicher Not war damit trotzdem nicht gegeben. So kam es – wie auch in anderen Kronländern – in bestimmten böhmischen Regionen zur bäuerlichen Not und zur Abwanderung aufgrund von Ernteeinbußen und ungünstigen wirtschaftlichen Entwicklungen. Das heißt also, Presl bediente sich des unkritischen Bildes des verwurzelten und satten Bauern wohl in erster Linie, um seinen Ansatz, wonach Infektionskrankheiten Arbeiterkrankheiten sind, zu stützen. Dafür musste er – womöglich sogar wider besseres Wissen – eine scharfe Trennlinie zwischen der Arbeiter- und Bauernwelt ziehen. Tatsächlich wäre ihm diese Art „Standeszuordnung von Krankheiten" gelungen, hätte er Armut mit Mangel in Zusammenhang gebracht. In den armseligen, unhygienischen und heruntergekommenen Bauernhäusern gab es nämlich wirklich eine Erkrankung, die in erster Linien Bauern traf und die auf deren einseitige Ernährung zurückzuführen war. Der Bezirksarzt von Rovereto Guido von Probizer verortete diese Krankheit namens Pellagra „in Gegenden, wo der Bauernstand arm und elend ist" – sie sollte sich im 19. Jahrhundert in bestimmten Kronländern und Regionen endemisch ausbreiten.

Krankheit des Elends

An einem brütend heißen Sommertag im August 1902 erschien ein ärmlich gekleidetes Bauernpaar aus Suczawa (rumänisch Suceava) in der Bukowina mit ihrer 24-jährigen Tochter Rita F. im örtlichen Allgemeinen Krankenhaus. Die junge Frau war völlig teilnahmslos, sprach kaum, sondern lispelte nur selten ein kaum verständliches Wort. Ängstlich berichteten die beiden Bauersleute, dass ihre Tochter seit etwa einem halben Jahr krank war und in der letzten Zeit immer schwächer geworden sei. Tatsächlich stellten die behandelnden Ärzte fest, dass Rita anämisch war, an ausgeprägten Hautveränderungen am Hand- und Fußrücken litt und ihre Schleimhäute ungewöhnlich blass waren. Außerdem notierten sie, dass Rita sehr depressiv sei. Auf ihre konkrete Rückfrage erfuhren die Ärzte, dass die Hauptnahrungsquelle der Bauernfamilie aus Mais bestand. Damit war ihre Diagnose gesichert: Rita litt an der Pellagra. Trotz intensiver medizinischer Behandlung verbesserte sich Ritas Zustand in den nächsten zwei Wochen kaum, sodass ihre Familie, die aufgrund ihrer Armut die Spitalskosten nicht länger tragen konnte, auf ihre Entlassung drängte. Rita war nur eine von insgesamt 144 Pellagra-Erkrankten, die zwischen 1887 und 1902 in Suczawa registriert wurden, und nur eines von zahlreichen Opfern der Pellagra, einer Krankheit, die ab den 1880er Jahren unzählige Männer und Frauen dahinraffte und ebenso viele arbeitsunfähig und zu Pflegefällen machte. So berichtet auch der Primararzt am Allgemeinen öffentlichen Krankenhaus zu Suczawa, Max Würzel, 1903 besorgt in der Wiener Klinischen Wochenschrift: „Die in den letzten Jahren rapid ansteigenden Erkrankungsziffer und erhebliche Mortalität hat der Pellagra in einigen Teilen des Landes [Anm.: der Bukowina] bereits den Charakter einer argen Endemie verliehen.“ In nur zwölf Jahren – so der Mediziner – hatten sich die Todeszahlen verdreifacht.

Ärzte und Politiker bezeichneten die Pellagra als Krankheit des Elends. Eine wahrlich treffende Bezeichnung hält man sich vor Augen, wen diese Krankheit in erster Linie traf: die Ärmsten aus der ohnehin schon armen Bauern- und Landbevölkerung in Istrien, Görz-Gradisca, Siebenbürgen, der Bukowina und Tirol. Tatsächlich verteilten sich beispielsweise die 835 Pellagra-Erkrankten in Gradisca im Küstenland auf Tagelöhner (544), Ortsarme (124), Pachtbauern (51), Handwerker (24) und Personen mit anderen Berufen (92). Eine treffende Bezeichnung aber auch, wenn man bedenkt, wie diese armen Bauern, das Gesinde und Landarbeiter lebten: in ärmlichen, feuchten und schäbigen Bauernhäusern. Das mussten auch die Bezirkssanitätsbeamten feststellen, als sie aufgrund der steigenden Pellagra-Fälle aufbrachen, um die betroffenen Bauern und ihre Wohnstätten zu inspizieren. Zudem berichteten sie auch von der Überfüllung und den Schmutz, den sie ausnahmslos in allen Hütten gesehen hatten. Und schließlich eine treffende Bezeichnung, wenn man berücksichtigt, was diese Bauern in ihren schäbigen Häusern in erster Linie aßen: Mais. All diese Faktoren trafen auch auf Rita zu: Sie gehörte der verarmten Bauernschaft in der Bukowina an, lebte in einer feuchten und armseligen Bauernhütte und ernährte sich in erster Linie von Maisprodukten.

Die Rolle, die dieses Getreide – oder konkreter die Verwendung von qualitativ schlechtem und krankmachendem Mais in den bäuerlichen Küchen – beim Ausbruch der Krankheit spielte, sollte sich jedoch erst im Laufe der Zeit zeigen. Drängender ist zunächst aber die Frage, auf welche Art minderwertiger Mais und Maismehl überhaupt in Umlauf kamen. Tatsächlich geschah dies auf zumindest zwei bekannten und überlieferten Wegen: Ein Teil der Bauern schuf sich im wahrsten Sinne des Wortes den minderwertigen Mais selbst, indem sie häufig unreifen oder ungenügend gereiften Mais ernteten, wenn dieser als Nachfrucht angebaut aufgrund ungünstiger Herbstwitterungen nicht ausreifen konnte. Der andere Teil, wie etwa die Bauern in der Bukowina, trugen eher indirekt zur Verbreitung des verdorbenen Maises bei: Dort gelangten minderwertiger Mais und Maismehl infolge einer wirtschaftlichen Kettenreaktion in die Bauernküchen. Konkret führte dort zunächst der Import von ausländischem Mais einerseits und der verstärkte Kartoffel- und Rübenanbau andererseits zu einem immer stärken Preisverfall von bukowinischem Mais. Dadurch war ein kostendeckender Maisanbau für Bauern in der Bukowina bald nicht mehr möglich und es musste immer mehr Mais aus dem Osten importiert werden. Dieser Mais erreichte jedoch bereits feucht seine Zielorte, wo er in Folge falsch gelagert wurde und verrottete. „[Die Bauern durften] in der Auswahl des zum Genuß bestimmten Maismehls immer weniger wählerisch werden und war[en] schließlich nicht in der Lage, auch ganz verdorbenes, verschimmeltes Mehl von der Verwendung auszuschließen", beklagten die Ärzte. Dennoch beharrten trotz der Krankheitsfälle vor allem, aber nicht nur die Bauern in der Bukowina darauf, Mais auch weiterhin anzubauen und zu essen und lehnten den Anbau von Roggen und Weizen kategorisch ab. Dies höchstwahrscheinlich einerseits aufgrund der bäuerlichen Verbundenheit mit Altbekanntem und Traditionellem, worunter auch die bäuerliche Hausmannskost fiel; andererseits vermutlich auch, weil den Bauern mangels Information und Schulung das Wissen darüber fehlte, wie sie andere Getreidearten hätten kultivieren und verwerten können.

Neben den Bauern in den Heimatregionen erkannten zeitgenössische Beobachter schließlich noch eine weitere maiskonsumierende und folglich gefährdete Gruppe: die ländlichen Saisonarbeiter. Ob in der Bukowina oder in Görz – die Armut zwang zahlreiche Bauernfamilien, Familienmitglieder als Hilfsarbeiter im Frühling zur Anbauzeit oder im Herbst zur Ernte in andere Regionen zu schicken. Ihr Lohn wurde benötigt, um die Familie durch die entbehrungsreichen Wintermonate zu bringen. Die temporären Arbeitgeber, die „gewissenlosen Pächter und Gutsbesitzer", sollen aber, wie es in zeitgenössischen Berichten heißt, den Saisonarbeitern vor Ort Essen aus „schlechtesten Maissorten“ vorgesetzt haben. Viele von ihnen, so auch Ritas Brüder, die in Rumänien als Saisonarbeiter tätig waren, erkrankten nach dem Konsum der Speisen an der Pellagra. Andere wiederum, die bereits an der Pellagra litten, infizierten sich aufgrund ihres geschwächtes Immunsystems zudem mit der Malaria oder Dysenterie (Darmentzündung) und kehrten schließlich in „siechem Zustande“ in die Heimat zurück. Das heißt also, auf welchem Wege auch immer die arme Bevölkerung in den Genuss von minderwertigem Mais gelangte, er war letztlich Quell der immer stärkeren Zunahme an Pellagra-Kranken. Allein im Bezirk Suczawa stiegen die Erkrankungen zwischen 1887 und 1903 von zwei auf 400. Ähnliche und teilweise höhere Zahlen sind für die 1880er Jahre auch aus Görz-Gradisca im österreichischen Küstenland überliefert. Dort lag die Inzidenz in bestimmten Bezirken zwischen 0,1 und zehn Prozent; in besonders belasteten Gemeinden war fast jeder Fünfte pellagös. Anders ausgedrückt beklagte also fast jede Görzer Bauernfamilie einen Kranken.

Für die Bauern bedeutete die Krankheit den empfindlichen Kahlschlag von Arbeitskräften, der in weiterer Folge mit einer zunehmenden Verschuldung und Verarmung einherging. Sie führte anders formuliert zu einer sozioökonomischen Katastrophe, die damit begann, dass Hungergefühl und Appetit des pellagösen Bauern abnahmen und schließlich gänzlich verloren gingen. Dadurch magerte die meist primäre Arbeitskraft auf dem Hof ab und wurde immer schwächer. Auch seine Knochen – vor allem jene der Rippen – wurden brüchiger und seine Herz-, Lungen-, Nieren- und Leberbeschwerden nahmen zu. Allerspätestens in diesem Stadium der Erkrankung war der Bauer ein Pflegefall, bettlägerig und vor allem eine Belastung für seine Familie. Seinen Ausfall im landwirtschaftlichen Betrieb mussten die restlichen Familienmitglieder – zusätzlich zu ihrer eigentlichen Arbeit – kompensieren. Die Folge: Überarbeitung und damit geschwächtes Immunsystem und früher oder später der Ausbruch der Pellagra auch bei allen anderen Familienmitgliedern. Dazu kam, dass die bäuerliche Tendenz zur Abschottung dazu führte, dass sich die Betroffenen dieser Krankheit schutz- und hoffnungslos ausgeliefert wähnten. Dies, obwohl die Pellagra im Anfangsstadium eigentlich noch gut behandelbar ist, dafür wäre allerdings auch der Besuch beim Landarzt oder die Aufnahme in einem Krankenhaus notwendig gewesen, was der Großteil der Bauern ablehnte. Durch diese Weigerung wurde letztlich auch die Chance vertan, die Krankheit in einem frühen Stadium erfolgreich zu behandeln. Es ist daher auch davon auszugehen, dass die Dunkelziffer der Pellagra-Fälle in den einzelnen bäuerlichen Gemeinden wesentlich höher als die offiziell bestätigten war.

Der starke Anstieg an Pellagra-Erkrankten rüttelte schließlich auch die Mediziner auf, die die Erkrankung lange Zeit gar nicht beachtet hatten. Doch sie tappten zunächst im Dunkeln und machten anfänglich sogar die intensive Sonnenbestrahlung für das Auftreten der Pellagra verantwortlich – vermutlich, weil der Großteil der Erkrankten den Ackerbau betrieben und bei der Feldarbeit der Sonne ungeschützt ausgesetzt waren. Im Laufe der Zeit kristallisierten sich aber nach und nach einige Gemeinsamkeiten in den betroffenen Regionen heraus: wirtschaftlicher Niedergang und Verschuldung der Bauern, steigende Armut und vor allem die einseitige Ernährung mit Mais. Es entfachte ein wissenschaftlicher Diskurs über die Rolle des Getreides, in dem die Toxikozeïsten die Meinung vertraten, dass sich durch harmlose Bakterien und Schimmelpilze in unreifem Mais, reifem, aber schlecht getrocknetem oder gelagertem Mais oder in schlecht aufbewahrtem Maismehl und ungenügend gebackenem Maisbrot giftige, pellagrogene Produkte bilden würden. Dem konterten andere Wissenschafter. Sie werteten die Krankheit eher als das Ergebnis einer allergischen Reaktion. Schließlich sahen die Zeïsten die Ursache für den Ausbruch der Pellagra im Mais und begründeten diese Theorie mit ihrem verstärkten Auftreten in Regionen, wo er das Hauptnahrungsmittel war. Demnach, so die Wissenschafter, müsse die Pellagra als Mangelerkrankung definiert werden. Heute wird unter der Pellagra eine Hypovitaminose infolge einer Mangelernährung verstanden. Nachdem Mais wenig Niacin und Tryptophan enthält, haben also Personen, die sich hauptsächlich von diesem Getreide ernähren – wie unsere Bauern im 19. Jahrhundert –, ein hohes Risiko an der Pellagra zu erkranken. Dabei leiden die Betroffenen unter einem Niacinmangel (Vitamin B3), der sich in der für die Krankheit typischen Trias Dermatitis, Diarrhö und im schlimmsten Fall Demenz äußert.

Letztlich besiegelte die ablehnende bäuerliche Haltung gegenüber der Medizin auch Ritas Schicksal: Ihre Familie erkannte zwar die schlechte gesundheitliche Verfassung ihrer Tochter und Schwester, pflegte sie aber dennoch lange Zeit zu Hause. Erst nach einer sechsmonatigen Leidenszeit brachten die Eltern Rita mit bereits ausgeprägten Pellagra-Symptomen in die Klinik. Zu diesem Zeitpunkt war Ritas Erkrankung allerdings schon sehr weit fortgeschritten und ihre Schmerzen unerträglich. Auch die Ärzte waren in diesem Stadium weitgehend machtlos. Zu den wenigen verfügbaren Therapieoptionen, auf die sie zurückgreifen konnten, zählte einerseits die vom italienischen Arzt Cesare Lombroso um die Jahrhundertwende propagierte Fowlersche Lösung (Liquor Kalii arsenicosi). Diese Arsenverbindung war seit dem 18. Jahrhundert als medizinisches Wundermittel bekannt und wurde als fiebersenkendes Therapeutikum eingesetzt. Andererseits das Silberpräparat Protargol. Nachdem Ärzte erkannt hatten, dass Silber in minimalen Dosen Pilze wie den Aspergillus abtöten konnte, sahen sie es als probates Mittel in der Behandlung der Pellagra an, da die Krankheit auch mit Schimmelpilzen im Mais assoziiert wurde. Protargol linderte bei Patienten mit Pellagra die mit der Krankheit einhergehenden Darmbeschwerden; zudem wurde das Mittel übrigens auch zur antibiotischen Behandlung der Gonorrhoe angewendet. Schließlich griffen einige Ärzte – animiert durch die pellagrafreien „Kuhhirten in Pellagra-Gegenden" – auf „innerliche und äußerliche Milch"-Anwendungen zurück. Es ist tatsächlich möglich, dass die B-Vitamine in der Milch in Kombination mit frischer Luft und besserer Ernährung, vor allem aber die völlige Maiskarenz der Schlüssel zum Nichtauftreten der Krankheit bei den Hirten war. Am Ende blieben aber die eingesetzten Therapeutika gesamthaft erfolglos.

Angesichts der geringen Heilerfolge und der hohen Inzidenz plädierte die Ärzteschaft daher mehrheitlich für ein umfassendes Konzept zur Bekämpfung der Krankheit. Darin sollte die Hygiene einen zentralen Stellenwert einnehmen, da die „fehlenden Hygiene- und Sanitärmaßnahmen in den Küchen und Landwohnungen“ wesentlich zur Ausbreitung der Erkrankung beitragen würden. Sie erklärten: „Als Beweis dafür könnten wir die Tatsache erwähnen, dass einige pellagöse Familien in der Provinz Reggio durch Verlassen ihrer Wohnungen ihre Gesundheit wiedererlangten.“ Darauf aufbauend sollte eine Assanierung des Bodens erfolgen und schließlich die Landwirtschaft insgesamt verbessert und so die sozioökonomischen Verhältnisse gehoben werden. Die Empfehlung, Mais als Anbauprodukt und Lebensmittel zu verbieten, stieß allerdings bis zum Ende der Monarchie auf taube Ohren. Daher erließ die Regierung Gesetze zur Errichtung von Maistrockenöfen, Maislagerhäusern, Maismagazinen, Brotbäckereien und Ausspeiseanstalten. Bis 1907 wurden beispielsweise allein in der Bukowina in 17 Gemeinden Ausspeiseanstalten für die Ärmsten und Pellagra-Erkrankten eröffnet. Dort erhielten sie 140 Tage lang Brot, Speck, Salz und andere Lebensmittel. Alkohol und Mais waren strengstens verboten. Diese Maßnahme missfiel jedoch ortsansässigen Ärzten, die die Meinung vertraten, dass der Bauer sich damit „an das Nichtstun und an die unentgeltliche Fassung der täglichen Nahrung“ gewöhnte und dann nicht mehr arbeiten wollte. Inwieweit dies einmal mehr dem Klischee des ohnehin eher faulen Bauern entsprach, kann hier zwar nicht beantwortet werden, sollte aber in Erwägung gezogen werden.

Letzten Endes gelang es mit keiner dieser Maßnahmen, die Pellagra einzudämmen, und die Medizin schien zu kapitulieren. So schrieb der Internist Edmund Neusser (1852–1912) im Jahr 1905, als deutsche und österreichisch-ungarische Ärzte und Naturforscher im Rahmen ihrer 77. Versammlung in Meran die Pellagra in all ihren Facetten diskutierten, ohne etwas Neues zu finden, in der Allgemeinen Wiener Medizinischen Zeitung: „[D]iese furchtbare Krankheit [macht] Männer und Frauen im kräftigsten Lebensalter arbeitsunfähig, geisteskrank, chronisch siech, sie werden zu Verbrechern oder Selbstmördern oder sie verfallen dem paralytischen Blödsinn; ihre Nachkommenschaft degeneriert, ihre Kinder verwaisen und werden schließlich selbst pellagös.“ Da er die Krankheit als eine der Landbevölkerung klassifizierte und den „in Pellagra-Gegenden praktizierenden Ärzten weder Mittel noch Zeit“ zutraute, um „bakteriologische Untersuchungen vorzunehmen“, plädierte er für die Schaffung eines internationalen Institutes in einer der Pellagra-Regionen nach Vorbild jenes in Legnano, das bereits Josef I. errichten ließ.

Während die Medizin kapitulierte, flüchtete die Landbevölkerung. Die Ausweglosigkeit weckte den Fluchtinstinkt der Bauern – vor allem der küstenländischen: Wer noch konnte, der floh in den 1880er Jahren, als die Pellagra besonders stark wütete, aus Görz und Istrien. Tatsächlich verdoppelte sich die Zahl der Flüchtenden zwischen der ersten (1881 bis 1883) und der zweiten (1884 bis 1886) Pellagra-Welle. Die Pellagra wütete aber bis zur Identifizierung des ursächlichen Niacinmangels durch den US-amerikanischen Biochemiker und Ernährungswissenschaftler Conrad Elvehjem im Jahr 1937 noch bis weit ins 20. Jahrhundert. Und wie ging es mit Rita weiter? Sie starb wenige Wochen nach ihrer Entlassung aus dem Krankenhaus zu Hause in ihrer armseligen Bauernhütte in Suczawa an ihrer Pellagra-Erkrankung…

Würgerin der Menschheit

Der Hochsommer des Jahres 1857 verlief im Wien im Grunde wesentlich besser als viele Sommer davor: Die Zahl stationärer Aufnahmen im k.k. allgemeinen Krankenhaus reduzierte sich über die Monate Juli bis September kontinuierlich. In erster Linie wurden Patienten mit Magen- und Darmkatarrhen, Typhen sowie Blattern und natürlich Lungentuberkulose behandelt. Allerdings ließ vor allem die auffällig hohe Zahl an Dysenterie und Skorbut eine Verschlimmerung der hygienischen Zustände in den Arbeitervierteln und eine Abnahme der Ernährungsqualität der Arbeiter vermuten. Auch die Typhusfälle nahmen in diesem Sommer einen auffallend schweren Verlauf und waren offensichtlich noch die „Nachwehen“ der überstandenen Epidemie zwischen 1855 und 1856. Eines ihrer bekanntesten Opfer war die erst zweijährige Sophie Friederike Dorothea Maria Josepha von Österreich gewesen, die erstgeborene Tochter des österreichischen Kaiserpaares Franz Joseph I. und Elisabeth, die Ende Mai 1857 an Typhus verstorben war. Weniger prominent, aber nicht minder tragisch verliefen die Krankheitsgeschichten der einfachen Leute: So traten bei der 60-jährigen Köchin Maria nach etwa drei Wochen im Allgemeinen Krankenhaus der Stadt Wien Lähmungserscheinungen auf und kurze Zeit später starb sie in der Klinik an einem Lungenödem. Die Obduktion zeigte ein „Blutextravasat an der Oberfläche des Gehirns" – also ausgetretenes Blut. Im September wurde ein 48-jähriger Zimmergeselle mit typhösen Erscheinungen ohne Spur einer chronischen Lungentuberkulose im selben Krankenhaus aufgenommen. Ohne zunächst erkennbaren Grund verschlechterte sich der eigentlich milde Verlauf dermaßen drastisch, dass der Zimmergeselle ins Delirium und Koma fiel und wenig später verstarb.

Es war die Kluft zwischen Arm und Reich, die die Entwicklung Wiens im 19. Jahrhundert definierte. Historiker vergleichen sie gar mit einer „Zwanzig-Prozent-Gesellschaft", bei der achtzig Prozent der Bevölkerung von den Bildungsmöglichkeiten, dem Kultur- und Gesellschaftsleben zeitlebens exkludiert blieben und „Namen wie Mahler oder Freud nie zu hören bekommen hatten". Die Fertigstellung der prachtvollen Wiener Ringstraße mit ihren luxuriösen Palais sorgte zwar für eine eindrucksvolle Aufbruchstimmung. Doch konnte diese Repräsentationsstraße nicht über die seit Jahrhunderten existierenden prekären Lebensbedingungen und das große Elend der unteren Gesellschaftsschichten hinwegtäuschen. Tatsächlich beschrieben Reisende bereits Ende des 18. Jahrhunderts Wien als „entsetzlich" und die Wohnverhältnisse als kerkerähnlich, die bestenfalls geeignet waren, Krankheitsausbrüche zu begünstigen. Die missliche Situation in Wien wurde nicht zuletzt durch die stetige Zuwanderung aus den Kronländern und dem Ausland verschärft. So kam es, dass um 1900 acht von elf Wohnungslosen ursprünglich keine Wiener Wurzeln aufwiesen.

Etwa zur gleichen Zeit beschäftigten die Wiener und niederösterreichische Metallindustrie rund 10.000 Arbeiter und Arbeiterinnen durchschnittlich zwischen 250 und 300 Tage pro Jahr. Männer erhielten dafür einen Jahreslohn von durchschnittlich 360 Gulden, Frauen 220 Gulden. Die Miete verschlang davon zwischen 16 und 27 Prozent – also rund ein Viertel des Einkommens, was aber nicht hieß, dass, wie der österreichische Ökonom Eugen Philippovich von Philippsberg (1858–1917) in seiner Milieustudie über die Wiener Wohnungsverhältnisse 1894 schrieb, damit „für eine ausreichende, den gesundheitlichen Minimalforderungen genügende Wohnung gesorgt" gewesen wäre. Obgleich die Metallarbeiter zu den Privilegierten unter den Nichtprivilegierten gehörten und zumindest so viel verdienten, dass die Familienmitglieder genügend zu essen bekamen, lebten auch sie meist zu dritt bis zu fünft in nur einem oder maximal zwei Räumen ohne Küche; Betten wurden mit sogenannten Bettgehern – also Mietern von Schlafstätten – geteilt, Lüften der Räume war nicht üblich und Ernährung und Hygiene waren miserabel. In einem Haus in Wien lebten durchschnittlich 47 Personen; 14 Prozent davon waren Bettgeher. Die Toiletten wurden grundsätzlich von mehreren Hausparteien benutzt.

Es überrascht daher wenig, dass Wien eine Brutstätte diverser Epidemien und Krankheiten blieb, die sich in den engen Gassen und hohen Häuser der Elendsviertel wie Lauffeuer verbreiteten. Tatsächlich liest sich beispielsweise das Verzeichnis der Verstorbenen der Stadt Wien aus dem Jänner 1848 wie das Lexikon aller erdenklichen Infektionskrankheiten: Typhus, Krätze, Fraisen und Lungentuberkulose. Insgesamt sind 26 Personen, darunter drei Kinder, angeführt und penibel zwischen jenen, die „in der Stadt" und jenen, die „vor der Stadt" verstarben, kategorisiert. Demnach waren in der In-der-Stadt-Kategorie fünf Todesfälle gelistet, die in einem der Bezirkskrankenhäuser gestorben waren: Darunter ein k.k. Vice-Hofbuchhalter Anton Slawiczek, seine 21-jährige Tochter, der protestantische Hauptschullehrer Andreas Scheer, seine 45-jährige Frau und der 41-jährige Schneidergeselle Anton Groß – sie alle verstarben am 6. beziehungsweise 7. Jänner an Tuberkulose. Neun Bewohner „vor der Stadt" starben an diesen beiden Tagen in einem Bezirkskrankenhaus an Tuberkulose, es waren Lohnkutscherknechte, Mithauseigentümer, Ritualienhändler, eine Adelstochter, Kutscher, Tagelöhner und Mägde. Sowohl in als auch vor der Stadt waren die Betroffenen zwischen 20 und 66 Jahre alt; der überwiegende Teil der an Tuberkulose Verstorbenen waren Männer. Die Tuberkulose machte im Grunde keinen Unterschied hinsichtlich des sozialen Status ihrer Opfer, auch wenn in der Regel die finanziell besser gestellten Patienten die besseren Genesungsaussichten hatten. Allerdings breitete sich im Gegensatz zu anderen europäischen Städten die Tuberkulose in Wien unter Arbeitern dermaßen rasant und nachhaltig aus, dass sie im 19. Jahrhundert gar als „Wiener Krankheit" bezeichnet wurde. In den neun Jahren zwischen 1900 bis 1909 kamen im Arbeiterbezirk Wien Favoriten auf 1.000 Lebende 63,3 Todesfälle aufgrund von Tuberkulose, im Vergleich dazu waren es im ersten Bezirk, wo Adel und Bürgertum lebten, 11,4 auf 1.000. Allein im Jahr 1904 behandelten Armenärzte mehr als 5.000 Patienten in deren Wohnungen unentgeltlich bei Tuberkulose; die meisten Schwindsüchtigen betraf die Altersgruppe der 26- bis 40-Jährigen, jene Altersgruppe also, die hauptsächlich in den Wiener Fabriken tätig war – fast zwei Drittel der Erkrankten dieser Altersgruppe waren weiblichen Geschlechts, jene also, die in den Webereien, Tabakfabriken und Schneidereien oft auf engstem Raum bis zu 14 Stunden arbeiteten, zu Hause den Haushalt und die Kinder versorgten und in der Regel jährlich ein Kind zur Welt brachten. 143 Personen verstarben in diesem Jahr in Wien an der Tuberkulose.

Zu dieser Zeit schien die Medizin der „Würgerin der Menschheit", wie der Kärntner Arzt Anton Pogačnik (1829–1900) die Tuberkulose in seinen Fachbüchern und Gesundheitsratgebern bezeichnete, hilflos ausgeliefert zu sein. Und dies, obwohl in jenen Jahren jeder vierte Wiener der Krankheit zum Opfer fiel. Daher warnte der Arzt auch davor, dass „diese Proletarierkrankheit noch mehr um sich greifen [werde], insolange nicht die von rein medizinischem Standpunkte aus gestellte Forderung betreffend kurze Arbeitszeit, Luft, Licht und kräftige Nahrung erfüllt" werde. Allerdings waren damit umfassende arbeitsrechtliche Maßnahmen verbunden, die selbst dann, als sich die Arbeiter immer stärker organisierten und die eine oder andere Verbesserung ihrer Arbeitsbedingungen durchsetzen konnten, noch immer zu langsam griffen, um die Lebensbedingungen und die

Ernährung der Arbeiterklasse so weit zu verbessern, dass damit die Ausbreitung der Tuberkulose verhindert oder zumindest verlangsamt worden wäre. Andererseits kritisierte Pogačnik, dem nebenbei bemerkt die Heilung seiner eigenen Tuberkulose gelungen war, dass auch die Ärzteschaft der Krankheit zu verhalten gegenübertrete: Ihm zufolge gab es in einer Stadt, in der „zu jeder Stunde wenigstens 20.000 Brustkranke" verzeichnet werden, weder eine ausreichende wissenschaftliche Beschäftigung mit der Krankheit noch die medizinische Erprobung möglicher Therapieoptionen oder eine zufriedenstellende Zahl an betreuenden Ärzten für Patienten mit Tuberkulose. Angesichts der scheinbar ungebremsten Zunahme an Infektionspatienten nahm, anders ausgedrückt, die Bereitschaft von Ärzten, als Armenarzt tätig zu werden, weiter ab, wodurch sich auch die Ärztedichte sukzessive verringerte und die Patientenzahl pro Arzt kontinuierlich erhöhte. Die Folge: weiterer Rückgang an Armenärzten infolge der Überlastung. Zudem trugen die bescheidenen Verdienstmöglichkeiten und die geringen bis ausbleibenden Behandlungserfolge bei Infektionskrankheiten wie der Tuberkulose das ihrige zu diesem Negativtrend bei. Zu einem ähnlichen Schluss dürfte wohl auch Pogačnik gekommen sein, der monierte, dass es für alle anderen Erkrankungen ausreichend „Specialisten" gebe, „selbst [für] Hühneraugen". Krankheiten, die vermutlich mit einer höheren Erfolgsquote bei der Behandlung mit möglicherweise bereits erprobten Therapeutika einhergingen.

Auch wenn Pogačnik die unzureichende Forschung zur Tuberkulose beanstandete, fand sie seit Längerem statt und konnte zu diesem Zeitpunkt bereits unterschiedliche Erkenntnisse und Erklärungsansätze hinsichtlich Ursachen und Infektionswege vorweisen. Demnach vertrat ein Teil der Ärzte, unter ihnen auch Johann Schnitzler, der Vater des Dichters Arthur Schnitzler und Vorstand der Laryngologischen Abteilung der Wiener Poliklinik, die Meinung, dass die Übertragung der Tuberkulose von einem Individuum auf das andere zu den seltensten Vorkommnissen gehöre. Es kursierte eine Dispositionstheorie, wonach in jedem Menschen die Eignung zur Tuberkulose vorhanden sei oder eben nicht, und eine Invasionstheorie, die Mediziner mit der Tatsache bestätigt sahen, dass Kohlengrubenarbeiter und Arbeiter, die verstärkt Ruß oder Kohlenstaub ausgesetzt waren, zwar häufig an Bronchialkatarrhe litten, allerdings „immun gegen Tuberkulose" waren. Und dies, obwohl „diese Menschen doch in grosser Armuth und unter hygienisch sehr ungünstigen Verhältnissen" lebten. Kohlenstaub fungierte nach der Koch'schen Theorie als Antiseptikum. Eine dritte Gruppe wiederum beurteilte „Hunger, Schwäche und schlechte Lebensverhältnisse" als Grundproblem der Tuberkulose. Eine folgerichtige Einschätzung, denn es waren in erster Linie Arbeiter und Bauern, die ausgezehrt von der Arbeit, den ärmlichen Lebensverhältnissen und der schlechten Ernährung im 18. und 19. Jahrhundert an der Tuberkulose erkrankten. Letztlich – resümierten die Mediziner – war die Tuberkulose auf eine Kombination mehrerer Ursachen zurückzuführen: Geschwächter Organismus, Vererbung oder Übertragung gingen meist Hand in Hand.

Auch Pogačnik brachte die Tuberkulose ursächlich mit einer „Schwächung des Lebensprocesses" in Verbindung. Seine Annahme deckte sich auch mit der Wahrnehmung der Betroffenen selbst, die sich die Erkrankung gleichsam als Folge der schweren Arbeit und eines entbehrungsreichen Lebens erklärten und sie folglich als Auszerrung und nicht etwa als Wiener Krankheit oder Tuberkulose bezeichneten. Ihr versuchten sie mittels Hundeschmalzeinreibungen, Gurkensaft mit Zucker oder Karottensaft, Hundefettspeisen oder dem Morgentau von Kamillen Herr zu werden. Letztlich war diese Auswahl wenig überraschend, denn sie war hochkalorisch und zumindest teilweise vitaminreich. Was vor mehr als 100 Jahren freilich eher intuitiv gemäß der Annahme, „wer krank ist, muss zunehmen", gewählt wurde, gilt heute als wissenschaftlich bestätigt. Eine Gewichtszunahme durch Energiesupplementierung während der Rekonvaleszenz wird als geeignete Therapie betrachtet, wiewohl eindeutige Hinweise auf eine Verbesserung von Behandlungsendpunkten der Erkrankung bislang noch nicht gefunden werden konnten.

Doch zurück ins 19. Jahrhundert, wo sowohl wirksame schulmedizinische Therapieoptionen als auch effiziente Präventionsmaßnahmen in

Europa völlig fehlten. Daher blieb der Einfluss der Volks- auf die Schulmedizin bestehen. Das diesbezügliche Repertoire an Kräutern, Myrrhe, Bernstein oder Quecksilber und Opium wurde später um Aderlässe und Blutegelkuren erweitert. Letztere verfolgten das Ziel, die aus dem Gleichgewicht geratenen Körpersäfte wieder ins Gleichgewicht zu bringen. Zudem griff die Schulmedizin auf Lebertran, Trauben-, Mineralwässer-, Bade-, Malz- oder Fleischextraktkuren zur Behandlung der Tuberkulose zurück. Doch keine dieser Anwendungen wurde annähernd so scharf kritisiert wie die Molke- und Milchkur – und einer ihrer schärfsten Kritiker war Pogačnik. In medizinischen Fachblättern wie 1872 in der Allgemeinen Wiener Medizinischen Zeitung resümierte er – nicht ohne Seitenhieb auf das gesellschaftliche Ungleichgewicht –, dass „nicht Molke, nicht Ziegen- oder Eselmilch, nicht Milchspeisen und Kräuterbrühen“ Speisen waren, auf die die „Bonvivants mit vollen (oft zu vollen) Backen und Hängebäuchen – [ohne] Spur einer tuberkulösen Anlage“ zurückgriffen. Er verurteilte die unsinnigen Praktiken, Tuberkulosekranke in Kurorte zu schicken, um sie dort mit Molkekuren zu heilen. Er schrieb: „Es ist in der Nähe Wiens ein Thal mit einem noch im primitivsten Zustande befindlichen Dörfchen, das kaum eine wohnliche Stube besitzt und dem Kranken auch nicht im entferntesten Mittel zur Kräftigung bietet und dennoch senden Celebritäten Brustkranke dahin, damit dieselben dort bei Genuss von 1/2 Seitel Molke täglich genesen sollen.“ Auch der kaiserliche Rath Winternitz, einer der Gründungsväter der Poliklinik, sah sich harter Kritik ausgesetzt, als er seinen Vorschlag, bei Tuberkulosepatienten warme Umschläge anzuwenden, um „örtlich ein madeira-artiges Klima herzustellen“, öffentlich machte.

Andere Ansätze waren anscheinend erfolgreicher. So konnte Johann Schnitzler beispielsweise mit einer Therapie, bei der Milchsäure in 25- bis 75-prozentiger Lösung, „Jodoform zu gleichen Theilen mit Coffea tosta, Borsäure, Bisumthum subsitiricum oder Plumbum aceticum“, verabreicht wurde, Erfolge erzielen – zumindest behauptete er dies im Jahresbericht der Poliklinik. Demnach sei in „manchen Fällen nicht nur ein Stillstand des Processes“, sondern „auch eine entscheidende Besserung im Krankheitsverlaufe“ beobachtet worden. Und Pogačnik steuerte mit seinem Katarrh-Pulver eine Behandlungsoption für „beginnende“ Tuberkulose bei. Dieses Pulver bewarb er in Fach- und Publikumsmedien zudem auch als „ausgezeichnetes Mittel für Brustkatarrh, Husten, Heiserkeit etc.“ und hielt dabei ausdrücklich fest, dass „nur jene Schachteln das genau nach Vorschrift des Dr. A. Pogačnik zusammengesetzte Katarrh-Pulver [enthalten], welche mit dem Namenszuge des Dr. Pogačnik verklebt sind“. Welche konkreten Ergebnisse er damit erzielen konnte, war nicht zu eruieren.

Als 1882 der deutsche Bakteriologe Robert Koch den Erreger der Tuberkulose (Mycobacterium tuberculosis) entdeckte und dann etwas überhastet mit der Serumtherapie (Tuberkulin) als Allheilmittel gegen die „Würgerin der Menschheit“ vorgehen wollte, war die Hoffnung bei Ärzten und Patienten zunächst groß. Doch es sollte alles anders kommen. Denn eine Heilung war damit ganz und gar nicht möglich, wiewohl es aber erfolgreich die Diagnose unterstützen konnte, was aber erst Jahre später erkannt wurde. Wurde es nämlich unter die Haut gespritzt, entstand bei Patienten, die infiziert waren, innerhalb von drei Tagen eine Verdickung, da die Antigene im Tuberkulin mit Antikörpern im Blut der Patienten reagierten. Im Jahr 1890, als Koch nach erfolgreichen Forschungen an Meerschweinchen Tuberkulin der wissenschaftlichen Öffentlichkeit präsentierte, schrieb auch die Wiener Arbeiterzeitung, dass „einer der ärgsten Feinde des Proletariats, die Tuberkulose, durch [diese] Entdeckung überwunden“ zu sein schien. Doch bremste der anonyme Autor gleichzeitig die Euphorie: „Vorläufig ist die Tuberkulose noch keineswegs überwunden, sondern es sind Aussichten eröffnet [worden], sie in ihrem Anfangsstadium zu heilen.“ Gleichzeitig warnte er vor der „marktschreierischen“ Werbung für die Tuberkulintherapie vonseiten der Ärzte. Die offenkundig praktizierte Vorgangsweise, wonach aufgrund der begrenzten Dosen zunächst die „reichen Leute“ mit Tuberkulin behandelt wurden, wertete der Autor nicht ganz ohne Häme positiv: „Warum sollen nicht zur Abwechslung einmal die Millionäre als Versuchskaninchen dienen, welchen Dienst sonst stets die Armen in den Spitälern der Wissenschaft leisten müssen!“ Einige Jahre später berichtete die Feldkircher Zeitung, dass das „Koch'sche Tuberkulin" in der Veterinärmedizin nicht nur in Österreich-Ungarn, sondern auch in Dänemark, Holland, Belgien und Frankreich eine wesentliche größere Bedeutung erlangt hatte, als dies in der Humanmedizin der Fall gewesen war. Demnach dürfte Tuberkulin bei Rindern eingesetzt worden sein, die an Tuberkulose erkrankt waren. Der Redakteur schloss daraus, dass damit indirekt auch dem Menschen – insbesondere den Kindern – geholfen wurde, da deren „Hauptnahrungsmittel die Milch" war. In der Medizin wurde der Einsatz des Tuberkulins noch Jahre nach Kochs erstmaliger Präsentation heftig diskutiert. Während die einen seine günstige Wirkung auf den Lupus feierten, verwarfen es andere mit dem Hinweis, dass vor allem bei armen Patienten die „blosse Ruhe und Schonung, die bessere Ernährung und das regelmässigere Leben" ganz ohne Medikation gute Erfolge erzielen würden, und wieder andere prangerten die „schmerzhafte und entzündliche Infiltration der Haut" an der Injektionsstelle an, die zu „Temperatursteigerungen" und „erhöhter Pulsfrequenz" führten.

Schließlich war es der Begründer der Allergologie und Wiener Kinderarzt Clemens Freiherr von Pirquet (1874–1929), dem es mit seiner Pirquet-Probe gelang, wesentlich zur Bekämpfung der Volksseuche beizutragen. Mit ihr war es ab 1907 möglich, Tuberkulose in einem frühen Stadium zu erkennen. Damit revolutionierte Pirquet das Fürsorge- und Wohlfahrtswesen im Roten Wien dieser Tage so nachhaltig, dass er 1928 als Kandidat für das Bundespräsidentenamt vorgeschlagen wurde. Seine sozialmedizinischen Bemühungen umfassten zudem die Schulhygiene sowie populäre Vorträge, um der Bevölkerung die Ursachen von Infektionskrankheiten und die Bedeutung der Prophylaxe zu vermitteln.

Ist es dann so weit und es kommt zur Geburt, soll der Mann seinen Halbgurt abnehmen, ihn seiner Frau umgürten und dazu sprechen: „Ich befreie dich damit von deinem Leiden!“

Darstellung einer Hausgeburt im Tiroler Zillertal, 19. Jahrhundert

Die kranke Frau

GEBURT UND KINDBETTFIEBER

Schwangerschaften auf dem Land waren zahlreich und stellten dennoch nie einen Grund dar, nicht seiner Arbeit auf dem Feld, im Stall und im Haus nachzukommen. Um die Arbeitsfähigkeit der werdenden Mutter bis zum Geburtstermin zu erhalten, griff man ins volksmedizinische Heilkästchen und führte eine orale Ölkur mit Baumöl (Olivenöl) und zusätzlichem Einreiben der Gesäß-, Kreuz- und Leistengegend mit Murmeltieröl durch. Damit sollte einer „schweren Geburt vorgebeugt" werden. Kamen die Frauen nieder – auch wenn das mit Sicherheit nicht immer wie in der oben angeführten Beschreibung aus dem Tiroler Zillertal vor sich ging –, durften sie weder wehleidig noch zimperlich sein und mussten meist noch am Tag der Geburt, spätestens aber am nachfolgenden wieder auf den Beinen sein und ihrer Arbeit nachkommen. Ein Wochenbett gab es nicht, und es sollte sich herausstellen, dass damit vielen Bauers- und Landfrauen sogar das Leben gerettet wurde. Bis nämlich der „Retter der Mütter", Ignaz Philipp Semmelweis (1818–1865), im 19. Jahrhundert dem todbringenden Kindbettfieber auf die Schliche kam, starben Tausende von Müttern und Neugeborenen in den städtischen Gebärhäusern einen qualvollen Tod. Dabei sollten diese Gebärhäuser als sozialmedizinische Einrichtungen eigentlich den ledigen Müttern als Zuflucht und ihren Kindern als Aufnahmeort dienen. Verheiratet oder ledig spielte hinsichtlich Schwangerschaft und Geburt, aber auch hinsichtlich der Entwicklung des Kindes eine zentrale Rolle, sodass weniger die Lebenswelt als Raum, sondern vielmehr die Lebenswelt als Familienstand für die Frauen- und in Folge Neugeborenenmedizin von höchster Relevanz war. Armut bedingte in diesem Zusammenhang eine spezifische Geburtsform und einen spezifischen Geburtsort.

Im Hochsommer des Jahres 1862 berichtete die Morgenpost innerhalb von weniger als vier Wochen über zwei Geburten. Grundsätzlich zwar nichts Außergewöhnliches – doch in diesen zwei Fällen handelte es sich um sogenannte Gassengeburten, bei denen die Schwangeren in der Gasse oder an einem anderen öffentlichen Ort niederkamen. So auch die 22-jährige Magd Katharina Tmka, die sich im Juli mit leichten Wehen von ihrem Bauernhaus in Simmering auf den Weg zum nächstgelegenen Gebärhaus machte, und die Tagelöhnerin Marie Kasai, die dasselbe Ziel von ihrer Unterkunft bei der Wäscherin Katharina Senitscher in Untermeidling anpeilte, als bei ihr im August die Wehen einsetzten. Beide schafften es allerdings nicht rechtzeitig ins Gebärhaus, sondern kamen auf der Gasse nieder. Katharina mit einem Jungen und Marie mit einem Mädchen. Maries und Katharinas Kinder waren zwei von insgesamt 361 Gassengeburten in diesem Jahr. Damit war in etwa jede 20. Geburt in Wien eine Gassengeburt. Zudem waren die beiden jungen Frauen zwei von insgesamt knapp einer Million unverheirateter Frauen, die zwischen 1784 und 1900 im Wiener Gebärhaus meist anonym entbunden haben. Dieses 1784 als Staatsanstalt gegründete Wiener Gebärhaus war zwischen 1806 und 1819 der Direktion des Allgemeinen Krankenhauses und folglich der niederösterreichischen Statthalterei zugeteilt und in Folge für die nächsten etwa vier Jahrzehnte als Provinzialstaatsanstalt der Hofkanzlei untergeordnet. Sie sollte 126 Jahre – bis 1910 – existieren.

Jeglicher Versuch, dass Marie und Katharina ihre Kinder hätten selbst aufziehen können, wäre mit ziemlicher Sicherheit bereits von vornherein zum Scheitern verurteilt gewesen. Tagelöhnerinnen und andere häusliche Bedienstete arbeiteten hart – bis zu 16 Stunden am Tag –, hatten kaum einen freien Tag und waren dennoch kaum in der Lage, ihr Leben zu finanzieren. Sie lebten in den überwiegenden Fällen mit dem Dienstgeber unter einem Dach und waren daher auch rund um die Uhr verfügbar und den Übergriffen der männlichen Familienangehörigen häufig schutzlos ausgeliefert. Wurden sie schwanger, dann wurden sie von der katholischen Kirche als unmoralisch und gefallen gebrandmarkt. Aus Verzweiflung und „Not", wie die Wienerin Agnes Maschek 1896 dem Richter bestätigte, töteten viele ledige Mütter ihre Kinder. Sie wurden dann meist zu mehreren Jahren „schweren Kerkers" verurteilt. Agnes musste für den Versuch, ihr Kind zu töten, dessen Vater, einen Soldaten, sie „im Prater" kennengelernt hatte, fünf Jahre Gefängnis absitzen.

Bereits zu Zeiten Josephs II. gab es Bestrebungen, die hohe Rate an Kindsmorden durch die Gründung von sozialen Einrichtungen, die die Neugeborenen aufnahmen, einzudämmen. Die Schaffung einer Kombination aus Gebär- und Findelhaus sollte ab 1784 einerseits armen, ledigen Schwangeren und andererseits ihren Kindern eine Zufluchtsstätte bieten, wodurch das Findelhaus eine zentrale Rolle im Fürsorgewesen der Stadt einnahm. Schon im Jahr 1704 hatte Erzbischof Stefano Cozmi in Spalato eine Gebäranstalt einrichten lassen, 1750 folgte jene in Klagenfurt. Gemäß der Zahl an jährlichen Geburten befanden sich 1896 in Zisleithanien Gebärhäuser in Wien, Prag, Lemberg, Brünn, Innsbruck, Krakau, Graz, Salzburg, Triest, Klagenfurt, Linz, Olmütz, Laibach, Czernowitz, Zara, Spalato, Ragusa und Sebenico. In Wien und Prag waren die Gebäranstalten in jeweils drei Abteilungen getrennt, von denen zwei für den Unterricht für Studenten und Ärzte und eine für jenen der Hebammen bestimmt waren. Allerdings stand die merkantilistisch-populationistische Ideologie der Aufklärung, die eine Bevölkerungszunahme anstrebte, im starken Kontrast zum Alltag in diesen Einrichtungen: Nicht nur, dass Gebärende und Säuglinge Gewalt und Brutalität erfuhren, es forderten vor allem die unhygienischen Zustände zahlreiche Todesopfer unter Kindern und Müttern. Der intendierte Zweck war folglich fragwürdig. Obgleich zwar die Anstalten versuchten, die Mortalität durch die prozentuelle Angabe der gesamten Insassen zu maskieren, fiel den Visitationsärzten die hohe Sterblichkeitsrate in den Einrichtungen auf, und nach und nach drangen auch Anklageschriften an die Öffentlichkeit, sodass die Wiener

Einrichtung, wie die Historikerin Verena Pawlowsky bemerkt, zu Beginn des 19. Jahrhunderts als „k.k. privilegierte Mordanstalt" verunglimpft wurde.

So berichtete auch 1848 ein anonymer Verfasser mit dem Autorenkürzel R. H., – obzwar ein Befürworter von Findelhäusern –, in seiner Denkschrift über das „Gebäude", in dem „Fluch und Segen Hand in Hand" gingen. Er schrieb über das raue Benehmen der Wärterinnen, die Findelkinder als „Milchpankerte oder Hurenfratzen" bezeichneten, und beschrieb die korrupten Bediensteten in diesem „Asyl lauter Unglücklicher": „Was die Kranke (Wöchnerin) will, erhält sie gegen Trinkgeld ohne Einwendung; Schädliches und Unschädliches. Das Glas Kaffeh verfertigt die Wärterin selbst um 6 Groschen. Bringt jemand der Wöchnerin einige Leckerbissen, so werden sie so lange als nachtheilige Bissen zurückgewiesen, bis ein Zwanziger ... durchbricht. Kommt ein sehnsüchtig bezwanzigter Vater, so wird trotz des strengen Verboths ihm das Kind entgegen getragen."

Ganz offenkundig waren also nicht alle Frauen im Gebärhaus ohne Rückhalt des Kindsvaters, doch auch diese Tatsache schien die undurchsichtigen Machenschaften im Gebärhaus nicht zu beeinflussen. In anderen Worten: Die ursprünglich als sozialmedizinische Unterstützungseinrichtungen gegründeten Institutionen erwiesen sich in der Praxis als ein Mikrokosmos, in dem sich der Wert des Menschen noch stärker an seiner sozialen Schicht bemaß als außerhalb. Darin entstand eine Werteskala, die auf Unterdrückung, Ausbeutung und Korruption basierte und dennoch ein grundsätzliches – theoretisches – Überleben für Mutter und Kind wahrscheinlicher machte, als dies ohne diese Einrichtungen der Fall gewesen wäre. In der Regel blieb eine Frau nach der Geburt neun Tage im Gebärhaus. Danach wurde die „gesunde Wöchnerin" ins Findelhaus gebracht, wo die Dauer ihres Aufenthaltes für den Ammendienst „von der Willkür der Beamten abhängt" und „natürlich [reichte] ein Zwanziger nicht, eine kurze Zeit zu erwirken". Die Pflege des Kindes wurde für ein geringes Kostgeld bald Pflegefamilien der unteren Schichten der Wiener

Vorstadt überantwortet. Da die Motivation zur Aufnahme eines Kindes in erster Linie nicht humanitären Beweggründen entsprang, sondern im wenn auch geringen Kostgeld lag, war die Todesrate unter diesen Findelkindern in den Pflegefamilien sehr hoch. Um 1849 existierten in Wien etwa 25.000 Findlinge in den insgesamt 33 Findelhäusern und 81.000 Findelkinder bei Pflegeeltern. Geschätzt wird, dass es in der Monarchie rund eine Million Findelkinder gab.

In der Nachricht, die anlässlich der Errichtung des k.k. allgemeinen Krankenhauses in Wien im Jahr 1784 veröffentlicht wurde, heißt es: „In diesem Findelhaus werden Kinder armer Eltern unentgeltlich, diejenigen der Eltern, die einiges Vermögen haben, gegen eine mässige Bezahlung aufgenommen." Konkret bedeutete das, dass die Aufnahme eines Findelkindes 24 Gulden für Mütter, die auf der I. Classe oder außerhalb des Gebärhauses entbunden hatten, oder zwölf Gulden für Geburten auf der II. und III. Classe oder für Kinder, die „in Häusern oder auf den Strassen niedergelegt wurden", und für Ammen des Findelhauses betrug. Kam eine Frau in der IV. Classe des Gebärhauses nieder oder waren dort Ammen, wurden deren Kinder kostenlos aufgenommen. Die Vermutung liegt also sehr nahe, dass sowohl Marie als auch Katharina wie der Großteil der Tagelöhnerinnen und Mägde in der IV. Klasse entbunden hätten und ihre Kinder somit kostenlos aufgenommen worden wären, wenn sie es in das Gebärhaus geschafft hätten. Im Jahr 1857 wurden im Wiener Gebärhaus 8.647 Patientinnen betreut. Die Betreuung der Patienten sowie die Erhaltung des 541 Betten fassenden Hauses schlug mit 86.623 Gulden zu Buche. In diesem Jahr verstarben insgesamt 612 Säuglinge entweder vor, während oder nach der Geburt. Die Zahl der Todgeburten von ledigen Müttern war insgesamt um etwa zehn Prozent höher als jene von verheirateten Frauen. Die höchste Kindersterblichkeit wurde sowohl bei ehelichen als auch unehelichen Müttern innerhalb des ersten Lebensmonats des Kindes registriert und lag bei ledigen Müttern um 25 Prozent über jener von verheirateten (978 versus 1.716). Das Findelhaus in Prag wurde zunehmend öffentlich für seine hygienischen Missstände kritisiert und schnitt zusehends schlecht im Vergleich mit dem „vorbildlichen" Wiener Findelhaus ab. Tatsächlich starb in Prag eines von fünf Kindern noch im Jahr seiner Geburt. Völlig zurecht warf daher die Historikerin Verena Pawlovsky die Frage auf, warum sich diese Einrichtungen trotz ihres offenkundigen Scheiterns in Bezug auf Reduktion der Kindersterblichkeit über einen vergleichsweisen langen Zeitraum hielten.

Die naheliegende Antwort auf diese Frage ist das Fehlen anderer sozial verträglicherer Lösungsansätze, die der steigenden Zahl unehelicher Geburten und Wöchnerinnen Herr geworden wären. Daraus ergibt sich die vermutete Antwort: Die Frauen der unteren sozialen Schichten und ihre Kinder waren zahlreich und folglich als Einzelschicksale in der Masse unsichtbar – auch wenn es im Grunde längst keine Einzelschicksale mehr waren, sondern es sich vielmehr um ein Massenphänomen handelte. Das änderte sich auch nur geringfügig mit der Arbeiterinnenschutzgesetzgebung, die Wöchnerinnen eine vierwöchige Arbeitskarenz nach der Entbindung zusicherte. Jene Frauen, die einer Fabrikarbeit nachgingen, gehörten der Arbeiterkrankenkasse an und erhielten ein tägliches Krankengeld von 48 bis 60 Kreuzer – so auch die Wöchnerin. Die Geburt in den eigenen vier Wänden war für Arbeiterinnen eine hygienische und gesundheitliche Herausforderung – und wurde dennoch dem Gebärhaus vorgezogen. Nicht nur, dass die Bedingungen für Wöchnerinnen im Gebärhaus nicht wesentlich besser als im eigenen Heim waren, das eigentliche Problem bestand darin, dass es die Frauen abschreckte, auf ihren Körper als Anschauungsobjekt im Zuge der Geburt und als Versorgungsobjekt im Zuge des obligaten Ammendienstes reduziert zu werden. So schrieb auch die Frauenrechtlerin Therese Schlesinger-Eckstein (1863–1940), dass „viele Arbeiterinnen das Wochenbett im eigenen elenden Heim bei ganz unzureichender Pflege und Ernährung dem Aufenthalt im Gebärhaus [vorziehen]." Zudem kritisierte die Sozialdemokratin, dass auf Betreiben der „christlichen Landesausschüsse" das Wochengeld der Wöchnerinnen von den Gebärhäusern eingefordert wurde. Blieb eine Frau neun bis zehn Tage im Gebärhaus, so beliefen sich die Gebühren auf insgesamt 13 Gulden.

Für die weiteren 18 Tage, die der Frau als Karenz per Gesetz zugestanden wurden, erhielt die Frau nur mehr 3 Gulden 80 Kreuzer. Damit war das Elend nach Rückkehr in das eigene Heim größer als zuvor.

Hatten Frauen der unteren Bevölkerungsschichten keine Wahl und mussten in einem der 39 Gebärhäuser der Monarchie niederkommen, so wählten bereits in den 1860er Jahren auch Damen der höheren Schichten diese Geburtshäuser zur diskreten Geburt und Entledigung von Kindern, die amourösen Abenteuern entstammten. Freilich ermöglichte ihnen ihre Herkunft und ihr finanzieller Hintergrund, dass sie die Verpflegungskosten selbst bezahlen konnten und sie sich damit weder dem klinischen Unterricht zur Verfügung stellen mussten noch mit weiteren Fragen zu ihrer Identität zu rechnen hatten. Allerdings verfügten die Gebärhäuser, dass sie ihren Namen auf einen „Zettel schreiben und diesen mit der Bettnummer versehen" mussten und diese Angaben in einem versiegelten Umschlag dem Geburtshelfer zu übergeben hatten. Der Grund: „Um im Falle ihres Todes Auskunft zu erhalten." Mit der Niederkunft im Gebärhaus war gleichzeitig die Zukunft des Kindes – als Armer – besiegelt. Zudem waren mit diesen Gebärhausgeburten zahlreiche Identitätsverzerrungen verbunden: Da viele Mütter falsche Namen wählten und auch ihre Kinder unter falschem Namen ins Taufbuch eintragen ließen, waren viele fehlgeleitete Identitäten und künstlich geschaffene Schicksale die Folge. Tatsächlich hatte sich im Laufe des Jahrhunderts auch die öffentliche Meinung zum zentralen Aspekt dieser Institutionen – der Geheimhaltung – geändert. Mit dem neu etablierten Konzept der als „natürlich definierten Mutterliebe" waren Anonymität und Trennung von Kindern kaum mehr in Einklang zu bringen. So kam es, wie Verena Pawlowsky unterstreicht, dass Findelhäuser sich allmählich von der Ledigenfürsorge zur Armenfürsorge entwickelten. Vermutlich vermischten sich sogar beide Konzepte zu einer „ledigen Armenfürsorge."

Die armen Jungmütter mussten sich also für die Diskretion und Anonymität des Gebärhauses einerseits zu diversen Arbeiten wie dem Ammendasein verpflichten. Dieses Ammendasein sicherte im Übrigen auch dem eigenen Kind eine längere Verweildauer bis zu vier Monaten im Findelhaus zu. Andererseits hatten sie für den Geburtshilfeunterricht zur Verfügung zu stehen. Dabei lernten Hebammenschülerinnen, Studenten der Medizin und reisende Ärzte sozusagen am lebenden Objekt die Geburtshilfe. Nachdem sich die Frauenheilkunde erst im Laufe des 18. Jahrhunderts als akademisches Fach etabliert hatte, wurde es rasch um den „Unterricht am Krankenbett" nach dem Vorbild Boërs erweitert. So kam es, dass das Wiener Gebärhaus eigentlich auch das Ergebnis der Kapazitätsgrenzen des St. Marxer Spitals war. Die verzweifelte Lage der Frauen sorgte, wie die Historikerin Verena Pawlowsky herausgearbeitet hat, für einen stabilen Nachschub an „Beobachtungs- und Untersuchungsmaterial" und somit für die Weiterentwicklung der Geburtskunde. Die Frauen, die „die Vortheile (Anm. des Gebärhauses) [erkannten, gelangten] in grosser Zahl von Müttern in [die Wiener] Anstalt", schrieb um 1851 der Wiener Arzt Franz Arneth (1818–1907), und er sollte recht behalten: Innerhalb der ersten 120 Jahre seines Bestehens kamen etwa 750.000 Frauen im Wiener Gebärhaus nieder und trugen zum Ruf der Wiener Medizinischen Schule bei – der sich so nachhaltig aufbaute, dass um die Jahrhundertwende ein Besuch der Wiener Gebäranstalt zum Pflichtprogramm reisender Ärzte gehörte.

Die Geburtshilfe lag ursprünglich in den Händen von Hebammen oder anderer Frauen. Zu dieser Zeit war die Geburt auf die „Hilfeleistung beim Austritte des Kindes" reduziert, wie Isidor Fischer (1868–1943) 1909 in seiner Habilitationsschrift zur Geschichte der Geburtshilfe in Wien vermerkte. Fischer, der 1892 in Wien zum Doktor der Medizin promoviert hatte und im Anschluss als Sekundararzt am Allgemeinen Krankenhaus in Wien und als Operationszögling an der Klinik Chrobak tätig gewesen war, leitete 25 Jahre lang das ambulante Frauenkrankeninstitut Charité in Wien. Das Institut wurde 1890 von Wilhelm Schlesinger gegründet, der als einer der Ersten Innervationen des Uterus erforscht und ein Erregungszentrum in der Medulla oblongata nachgewiesen hatte und zudem Forschungen über die Auslösung von Uterusbewegungen bei Kohlensäureüberladung des Blutes betrieben hatte. In jedem Fall befand Fischer in seinem historischen Abriss zur Geburtshilfe, dass in den Anfangszeiten die Zahl der Kinder, die bei der Geburt starben, wesentlich höher als 1908 gewesen sei. Allerdings seien sowohl die Frauensterblichkeit als auch die Wochenbetterkrankungen, die „ähnlich den Naturvölkern zu den größten Seltenheiten" gehörten, geringer gewesen. Die Zunahme der Mortalität brachte der Medizinhistoriker mit der Institutionalisierung von „inneren Untersuchungen und inneren Eingriffen" durch Hebammen in Verbindung.

Hebammen zählen wohl zu den kontroversiellen und facettenreichsten Figuren der Medizin und Gesellschaft des 19. Jahrhunderts. Zu diesem Schluss kommt man spätestens nach der Lektüre diverser zeitgenössischer Berichte und Zeitungsmeldungen. In diesen Schriften opponierten Hebammen gegen das sittenlose Leben ihrer Kolleginnen ebenso wie sie einander im Falle eines krankheitsbedingten Berufsendes finanziell unterstützen. Die Berichte erzählen von dem respektlosen Verhalten, das Hebammen entgegengebracht wurde, und unter dem sie litten, man liest, wie sie im Dienst beschimpft und von Angehörigen ihrer Patientinnen blutig geschlagen wurden, und stellt fest, dass es aber auch Menschen gab, die sie verteidigten und für sie eintraten. Mit Hebammen wurde – im Gegensatz zu den Bezirks- und Gemeindeärzten – eine sanftere Geburt assoziiert, ihnen wurde aber auch das Ansteigen von Kindbettfieberfällen zugeschrieben. Aus welcher Perspektive auch immer man sich dieser Berufsgruppe annähert, eines ist unbestritten: ohne Hebammen keine Geburtshilfe – weder für Reich noch Arm.

Mehr als 18.000 Geburtshelferinnen oder Hebammen, wie sie ab 1899 ausnahmslos hießen, waren Mitte der 1890er Jahre in Zisleithanien tätig. Außer in Tirol, wo 81 Prozent, und Mähren, wo 58 Prozent aller Hebammen angestellt waren, übten sie ihren Beruf in den restlichen Kronländern in erster Linie auf selbständiger Basis aus. Diese Frauen erlernten ihr Handwerk im Rahmen eines mehrmonatigen praktisch-theoretischen Hebammenkurses. Die entsprechenden Hebammeninstruktionen wurden im Laufe der Zeit mehrfach überarbeitet und hinsichtlich Hygiene und Geburtshilfe an den jeweils aktuellen Wissensstand angepasst. Um die Kosten der Ausbildung zu stemmen, scheinen jedoch einige Auszubildende als Prostituierte gearbeitet zu haben und dieser Tätigkeit auch später neben ihrem Hebammenberuf weiter nachgegangen zu sein. Entsprechend wurde per Verordnung des k.k. Ministeriums des Inneren 1881 auch geregelt, dass „Hebammen sich eines ehrbaren, nüchternen Lebenswandels befleißigen [sollen] und Gebärende, ohne Unterschied ob arm oder reich Beistand leisten [müssen]". Zudem, so heißt es in zeitgenössischen Berichten, fehlte es zahlreichen Hebammenanwärterinnen an einer ausreichenden Schulbildung und entsprechend gering waren auch ihre Lese- und Schreibfertigkeiten. In Kenntnis dieses Übelstandes petitionierten die Hebammen daher bereits in den 1850er Jahren für die Aufnahme einer Kandidatin in den Hebammenkurs erst nach entsprechendem „Nachweis der zurückgelegten dritten Normalklasse und [jenen] genügender Subsistenzmittel für die Zeit des Studiums". Denn: „Zur Ausübung [des Berufes] sind nicht nur gewisse allgemeine Kenntnisse und bessere Umgangsformen, sondern auch ein spezielles Fachstudium und viel praktische Übung nöthig. Diese Dinge zu erwerben, kostet Zeit und Geld. So manche Frau opfert ihr Letztes, sich das Diplom zu erringen, das ihr eine nützliche, ehrenvolle Stellung, einen gesicherten Erwerb bringen soll."

Diese „ehrenvolle Stellung" ging mit einem harten Berufsalltag und langen Arbeitstagen einher. Josephine Wolf, die in den 1870er Jahren in der Wiener Vorstadt Hernals praktizierte, schreibt: „Der Beruf der Geburtshelferin ist nicht nur ein sehr schwieriger, sondern auch ein sehr verantwortlicher. Er bedingt Selbstverleugnung und Aufopferungsfähigkeit im hohen Grade." Die Privatperson und die persönlichen Interessen wurden also immer stärker vom Beruf und dessen Erfordernissen zurückgedrängt, bis sie irgendwann ganz verschwunden waren. So überrascht es auch nicht, dass viele Hebammen wie auch die Tirolerin Katharina Tomanek bis ins hohe Alter weiterarbeiteten und der Beruf bei vielen zur lebenslangen Verpflichtung wurde. Die im Jahr 1867 90-jährige Tomanek wirkte tatsächlich seit 1817 im Tiroler Hinterland und legte noch in diesem Alter weite Strecken zu Fuß zurück, um ihren Patientinnen bei der Geburt beizustehen. In dem halben Jahrhundert ihrer Tätigkeit half die Hebamme mehr als 6.300 Kindern auf die Welt, dabei war – so heißt es in den Innsbrucker Nachrichten – „ihre Hilfeleistung immer eine glückliche [...] – von einigen wenigen Fällen toter oder verkrüppelter Geburten abgesehen".

Dass Hebammen trotz ihres Engagements und ihrer Opferbereitschaft in der Gesellschaft dennoch bisweilen nicht sonderlich gut angesehen waren, war das Resultat eingeschränkter Professionalisierungsmöglichkeiten und falscher Reputationsverbesserungsmaßnahmen. Das Hauptübel war die notorische Unterbezahlung von Hebammen. So lag ihr Lohn für die Geburtshilfe bei einer gut situierten Frau unter jener von Tagelöhnerinnen, für eine Entbindung in armen Haushalten, „die mindestens sechs Stunden, oft aber Tage und Nächte in Anspruch" nahm, erhielten sie lediglich die gesetzliche Taxe von zwei Gulden. In diese Taxe inkludiert war die Versorgung von Mutter und Kind bis zum neunten Tag nach der Geburt. Eine verhängnisvolle Folge ihrer pekuniären Lage war, dass Hebammen kaum einen finanziellen Spielraum hatten, um umfassend in ihre medizintechnische Ausstattung investieren zu können. Sogar der böhmische Frauenarzt Emil Ekstein (1864–1925), der sich ab 1893 verstärkt in der Aus- und Weiterbildung von Hebammen in Böhmen engagierte, musste feststellen, dass „Hebammen ihr ganz armseliges Instrumentarium in einem Strickkörbchen, einer Markttasche oder ähnlichen Behältern" aufbewahrten und zur Gebärenden mitbrachten. Dieser Umstand trifft vor allem, aber eben nicht nur auf Hebammen auf dem Lande zu. Das führte schließlich dazu, dass das Kindbettfieber zu einer Zeit, als es für Gebärkliniken längst kein Thema mehr war, vermehrt Wöchnerinnen, die zu Hause unter Aufsicht einer Hebamme entbunden hatten, heimsuchte.

Ob es einen Zusammenhang zwischen dem Anstieg von Kindbettfieberfällen, dem immer zaghafteren Involvieren von Ärzten bei Komplikationen und einer Imagepolitur von Hebammen gibt, kann weder ausgeschlossen noch bestätigt werden. Tatsache ist, dass Hebammen bereits in den 1850er Jahren mit der Nichtkonsultation von Ärzten die eigene Fachkenntnis hervorheben wollten. So heißt es vonseiten der Hebammensprecherin Marie Baud: „Viele [lassen] den Arzt zu spät rufen, weil sie es für ein Verdienst halten, bei ihren Entbindungen nie ärztlicher Hilfe zu bedürfen oder zuweilen eine Mutter und ein Kind zu opfern." Sollte damit tatsächlich versucht worden sein, die eigene Reputation zu verbessern, sind sie damit kläglich gescheitert. In der öffentlichen Wahrnehmung erreichten sie damit nämlich genau das Gegenteil: Je mehr Zwischenfälle bei Hebammengeburten bekannt wurden, desto stärker verfestigte sich das Bild der geldgierigen und herzlosen Hebamme. Diese Entwicklung scheint in weiterer Folge auch die „achtlose Behandlung" von Hebammen salonfähig gemacht und ihre „untergeordnete Stellung" in der Gesellschaft zementiert zu haben. Josephine Wolf beklagte in diesem Zusammenhang insbesondere, dass sie die „Damen" behandelten „wie [eine] Dienstbot[-in]". Weder Anerkennung noch ein Dankeschön kamen den Neomüttern nach der Geburt über die Lippen.

Hebammen selbst orteten den Schlüssel zur Lösung ihres Imageproblems in einer Quotenregelung bei stationären und niedergelassenen Hebammen. Daher forderten sie bereits Mitte des 19. Jahrhunderts, die Zahl der an der Gebärklinik angestellten Hebammen zu erhöhen, um auf diese Weise die Zahl der niedergelassenen deutlich zu reduzieren – was schlussendlich auch das Einkommen der verbleibenden selbständigen Hebammen sichern sollte. In diesem Sinne traten sie auch dafür ein, dass die in Wien ausgebildeten Hebammen aus den Kronländern nach ihrem Abschluss wieder in ihre Herkunftsorte zurückkehren sollten. Diese Forderungen wurden in einer Petition, die von zahlreichen Hebammen unterzeichnet war, der Studienhofkommission übergeben und war vor allem in Bezug auf die Beschränkung von praktizierenden Hebammen in Wien erfolgreich. Konkret wurde festgelegt, dass auf 2.000 Seelen nur mehr eine frei praktizierende Hebamme kommen sollte. Rund vierzig Jahre später fielen auf eine Hebamme in fast allen Kronländern zwischen 900 und 1.500 Frauen; lediglich in der Bukowina (1.955), Dalmatien (2.080) und in Galizien (4.122) war die Pro-Kopf-Rate höher. Im Übrigen wurde in den 1880er Jahren mit dem „Unterstützungsvereine für Hebammen" eine Art Standesvertretung geschaffen, die sich um „die materielle und geistige Hebung" von Hebammen bemühte. Zudem fanden die Hebammen auch zunehmend Unterstützer unter den Frauenärzten – der engagierteste unter ihnen war Emil Ekstein.

Langsam und nicht ganz ohne Rückschläge dürfte sich die Lage der Hebammen und ihre fachliche und gesellschaftliche Wahrnehmung verbessert haben. Unbewusst halfen ihnen dabei auch die mit ihnen konkurrierenden Laiengeburtshelferinnen, die insbesondere auf dem Land für zahlreiche Gesundheitsschäden bei Wöchnerinnen und Neugeborenen verantwortlich waren. Wie kam es dazu? Schwangerschaften und Geburten galten in der ländlichen Gesellschaft als etwas Natürliches, folglich erfuhr eine Schwangere weder eine besondere Aufmerksamkeit noch verlangte sie Schonung. Dies von vornherein als rückständig oder verroht abzutun, würde vor allem hinsichtlich der Gesetzmäßigkeiten ländlicher Familien und Gemeinschaften zu kurz greifen. Die traditionelle bäuerliche Gesellschaft lebte nach streng vorgegebenen Regeln und Verantwortlichkeiten gegenüber der Familie und der gesamten Gemeinde. Dabei stand die Sicherung des Überlebens der jeweiligen Familie im Zentrum aller Anstrengungen. Die einzelnen Familienmitglieder interagierten dafür je nach zugewiesener Rolle miteinander. Um diese Tradition fortzuführen, wurden Erziehung und Sozialisierung jedes neuen Kindes, des späteren Teils der Wirtschafts- und Lebensgemeinschaft der Bauernfamilie, entlang der überlieferten Traditionen und Regeln ausgerichtet. So ist es auch nachvollziehbar, dass „die schwere Stunde einer schwangeren Frau als etwas ganz Oberflächliches behandelt" und daher die Involvierung einer ausgebildeten und erfahrenen Hebamme gar nicht oder nur selten erwogen wurde. Vielmehr wurden weibliche Familienangehörige oder eben Laiengeburtshelferinnen aus der jeweiligen Ortschaft zur Geburt hinzugezogen. An dieser Praxis hatte sich noch um 1910, wie aus diversen Zeitungsberichten hervorgeht, wenig geändert. Weiterhin konnte daher jede „x-beliebige Person in der Einbildung leb[en], dass sie von der Sache [Anm.: der Geburt] etwas versteh[e]". Wo nicht traditionelle Bauernwerte der Grund für den Vortritt einer Laiengeburtshelferin gegenüber einer (Schul)Hebamme waren, geschah dies häufig aus purer Bequemlichkeit oder schlichtweg Geiz des Familienoberhauptes. Die Konsultation der Laiengeburtshelferinnen stellte sich jedoch in zahlreichen Fällen als folgenschwer heraus: Frauen litten an Blutungen oder Schäden am Uterus, andere starben sogar an den Folgen der unsachgemäßen Eingriffe von Laiengeburtshelferinnen während der Geburt. Ähnlich wie Land- oder Gemeindeärzte bei Bauerndoktoren, so waren Hebammen bei Laiengeburtshelferinnen gefordert, die Schäden, die die Laien bei den Gebärenden verursacht hatten, zu reparieren. Berichte in Publikumsmedien über erfolgreiche Ausgänge von zunächst misslungenen Geburten unter Laiengeburtshelferinnen trugen wesentlich dazu bei, das Image von ausgebildeten und diplomierten Hebammen zu verbessern.

Die aufkommende „männlichen Geburtshilfe" konnte dank zunehmender Erkenntnisse in Bezug auf Geburtsanomalien und Steißlagen rascher und umfassender bei Komplikationen reagieren.

Vor allem die Technik, das Kind im Bauch zu drehen, rettete vielen Kindern und Müttern das Leben, die „früher unrettbar dem Tode geweiht waren". Während in England die Zangengeburt praktiziert und in Frankreich unter dem Motto „Prenez les pieds et tirez l'enfant" Geburtshilfe geleistet wurde, setzte sich in Wien immer stärker die natürliche Geburt durch. Bis zu diesem Zeitpunkt, so führte Fischer aus, wurde bei „jeder natürlichen Lage, deren Geburt sich nicht in längstens sechs bis acht Stunden vollzog, jede Schädellage, die sich nicht nach dem künstlich konstruierten Typus der Scheitellage mit nach hinten gekehrtem Gesichte einstellte, jede Gesichtslage, jede Beckenendlage, von den wirklich abnormalen Lagen abgesehen, ohne Rücksicht auf die Beckenverhältnisse mit der Hand [eingegangen] und im Falle des Mißlingens der Wendung [der] ganze Apparat stumpfer und spitzer Werkzeuge erbarmungslos [eingesetzt]". So kam es, dass die Zahl der Frauen, die sich eines „operativen Eingriffs" während der Geburt unterzogen, immer stärker anstieg. Dies sei, wie Ärzte in ihren Fachzeitungen nicht ohne Selbstlob unterstrichen, das Resultat des „Vertrauens der Bevölkerung in die Erfolge der ärztlichen Hilfeleistungen". In einem dieser selbstlobenden Artikel heißt es zudem, dass nicht etwa „die Leistungsfähigkeit [der Frau während des Geburtsvorgangs] abgenommen hätte, sondern der Anstieg der Eingriffe während der Geburten auf die [zunehmende] Weichherzigkeit der Ehemänner" zurückzuführen sei. In jedem Fall galten nur jene Geburten, die ohne Arzt und Hebamme vonstattengingen, als „natürlich".

In die Kategorie der „natürlichen Geburt" fielen auch Marie und Katharina. Immerhin hatten sie ihre Kinder ohne Hilfe von Arzt und Hebamme auf der Gasse geboren. Diese Geburten wurden im Volksmund als „Gassengeburt", in der medizinischen Fachwelt hingegen als „plötzliche Geburt" bezeichnet. Neben der namensgebenden Gasse kamen die Frauen auch in der Tramway oder im Haustor nieder, am Land häufig während der Feldarbeit. Für viele Ärzte, unter ihnen der Gynäkologe Carl August Herzfeld (1861–1926), der als Operateurszögling an der Klinik Carl von Braun-Fernwald in Wien tätig war, waren von der plötzlichen Geburt nur bestimmte Frauentypen betroffen: „Vornehmlich, die nicht im Besitze ihrer geistigen Kräfte sind, Schwachsinnige, geistig nicht ganz Normale, welche den Geburts-Akt nicht zu erfassen vermögen oder Frauen, welche sonst vollsinnig, aber in dem Momente, wo sie überrascht werden, nicht im vollen Besitze ihres Verstandes sind, wie Berauschte oder Fallsüchtige." In seinem Vortrag im Rahmen der Vollversammlung des Unterstützungsvereines für Hebammen im Juni 1888 reihte er auch Herzkranke und Erstgebärende in die Gruppe der Gassengebärenden ein. Tatsächlich scheinen Marie und Katharina zum ersten Mal ein Kind geboren zu haben und zudem liegt die Annahme nahe, dass es sich dabei um eine uneheliche Schwangerschaft gehandelt hat. Sehr häufig traten Passanten und Wachleute als Ersthelfer dieser Frauen auf, bis die alarmierte Hebamme am Ort der Niederkunft eintraf, die dafür zu sorgen hatte, dass die Frau umgehend ins Gebärhaus überstellt wurde.

Doch nicht immer waren Helfer zur Stelle. So beschrieb der ungarische Gynäkologe Ignaz Semmelweis (1818–1865) in seinem Werk *Ätiologie des Kindbettfiebers*, dass die Frauen „mit dem Säugling in der Schürze oft bei der ungünstigsten Witterung ins Gebärhaus gehen musste[n]", doch dort angekommen stellten sie dann fest, dass ihre Kinder nicht im Findelhaus aufgenommen wurden, weil sie außerhalb des Gebärhauses zur Welt gekommen waren. Dies traf zunächst auch auf Maries Tochter und Katharinas Sohn zu, weil ihre Mütter „nicht dem Unterrichte gedient hatten". Allerdings gab es die Regelung, dass Frauen, die auf dem Weg ins Gebärhaus von der Geburt überrascht worden waren, deren „Kind nicht getauft" und bei denen der „Nabelschnurrest ganz frisch" war, ebenfalls zur kostenlosen Abgabe der Kinder im Findelhaus berechtigt waren. Dem Nabelschnurrest kam dabei generell eine zentrale Bedeutung im Aufnahmeprozess zu, während er in Klagenfurt von geringer oder keiner Relevanz gewesen zu sein scheint.

Nach einem Zeitungsbericht wurde 1872 in Klagenfurt eine Frau drei Stunden nach ihrer Niederkunft in die Gebärklinik eingeliefert, da sie nach einer Gassengeburt die Nabelschnur aus „ihrer Insertionsstelle" herausgerissen hatte. Vielleicht war die betreffende Frau verheiratet und ungewollt schwanger geworden – vom Ehemann oder einem Geliebten – und wollte sich durch Aufnahme in die Gebärklinik des Neugeborenen sowie allem, was mit der Schwangerschaft zu tun hatte, entledigen. Denkbar ist aber auch, dass sie ob der Geburt lediglich verwirrt oder in Panik gewesen war. Jedenfalls wurde ihr in der Klinik die Nachgeburt nach der Credé-Methode von den Ärzten erfolgreich entfernt, worüber in der Wiener Medizinischen Wochenschrift nachzulesen war. Bei dieser Methode (Credé-Handgriff) wird die Gebärmutter im Falle von Plazentaabstoßungen oder von verminderten Kontraktionen der Gebärmuttermuskulatur mit einer Hand komprimiert. Riss die Nabelschnur bei der Gassengeburt, ging das für das Kind oder die Mutter selten gut aus. So schrieb der Prager

Gynäkologe Ludwig Kleinwächter (1839–1906) 1870 über eine Erstgebärende, die auf dem Weg zur Gebäranstalt von den „Wehen befallen wurde" und das Kind „stehend auf der Straße" zur Welt brachte. Allerdings „fiel das Kind zu Boden und die Nabelschnur riss ab". Während das Kind unverletzt überlebte, starb die Mutter wenige Tage später im Wochenbett.

Die von Fischer 1909 beschriebenen Komplikationen bei anormalen Lagen des Kindes waren vor allem bei Hausgeburten ein ernstzunehmendes Problem. Der Versuch fachunkundiger Helferinnen, wie Mütter, Schwiegermütter oder andere weibliche Verwandte, das Kind im Mutterleib zu drehen, hatte dann oft schwerwiegende Folgen für Mutter und Kind: Uterusrupturen oder verrenkte oder abgerissene Füße des Neugeborenen waren häufig und mussten dann als Notfälle in diversen Kliniken behandelt werden. Auch häufige Schwangerschaften führten oft zu Komplikationen, die bei Hausgeburten zu spät oder gar nicht erkannt wurden. Die tiefliegende Plazenta (Placenta praevia) war dabei ein häufiges Ereignis, das beispielsweise auch die 28-jährige Paula betraf. Sie kam bei ihrer siebten Schwangerschaft am 16. Jänner 1870 mit Blutungen 20 Tage vor dem Geburtstermin in die Klinik in Prag. Mittels Eiswasserinjektionen stoppten die behandelnden Ärzte die Blutungen, die sie bereits seit drei Tagen gehabt hatte. Die Plazenta saß – dem Arztbericht zufolge – zentral auf dem Muttermund auf, so dass bei bald einsetzenden Wehen an „ein Sprengen der Blase, um den tiefen tretenden Kopf als Tampon zu benutzen, nicht zu denken" war. Das etwas über zwei Kilo schwere Mädchen starb während der Geburt; seine Mutter fünf Tage später an Septikämie.

Trotz des unbestrittenen sozialen Elends war das Los der Gassengebärenden aus gesundheitlicher Sicht dennoch oft ein wesentlich besseres als das der Frauen, die im Gebärhaus niederkamen. Der Grund dafür hieß Kindbettfieber (Puerperalfieber). Semmelweis notierte: „Ich habe bemerkt, dass nun gerade die Wöchnerinnen, welche eine Gassengeburt überstanden hatten, auffallend seltener (Anm.: am Kindbettfieber) erkrankten als diejenigen, welche im Gebärhaus geboren hatten, obwohl bei den Gassengeburten die Geburt offenbar unter ungünstigeren Verhältnissen vorsichging." Den Schlussfolgerungen des Gynäkologen zufolge waren Gassengebärende aus zwei Gründen keine Risikogruppe: Zum einen hatten sie ihr Kind bereits vor dem Eintreffen in der Gebärklinik zur Welt gebracht und zum anderen „in der Regel auch die Nachgeburt schon ausgeschieden", wodurch sie – und das sollte sich letztendlich als der entscheidende Aspekt herauskristallisieren – weder „ein Gegenstand des Unterrichtes waren" noch „untersucht wurden". Vielmehr wurde ihnen lediglich ein Wochenbett zugewiesen, das sie „gesund [wieder] verliessen".

Kurios war diese Erkenntnis allemal: Nicht etwa eine medizinische Intervention, vielmehr ihr Fehlen rettete also das Leben von Gassengebärenden und im Übrigen auch jenes der Schwangeren, die frühzeitig niederkamen. Konkret verzeichnete die Wiener Erste Gebärklinik im Jahr, als Katharina und Marie ihre Kinder auf der Gasse entbunden haben, lediglich eine einzige Neo-Mutter von insgesamt 90 Aufnahmen, die an Kindbettfieber erkrankte. Demgegenüber standen 93 Erkrankungen von insgesamt 411 Frauen, die sich bereits vor der Geburt in stationärer Pflege befunden haben. Leider lässt sich über das weitere Schicksal von Katharina und Marie nichts sagen, da sich ihre Spur nach der Geburt verliert und folglich die Gebärkliniken, in die sie nach der Gassenniederkunft eingeliefert wurden, nicht bekannt sind. Doch welche Bedeutung hatte diese Erkenntnis nun im Kampf gegen das Kindbettfieber? Tatsächlich konnte sich Semmelweis die hohen Sterberaten anfangs nicht erklären.

Er war so ratlos, dass er – wie er selbst erzählte – „einem Ertrinkenden gleich, welcher sich an einem Strohhalm anklammert", sogar die Rückenlage, die bei Entbindungen auf der Ersten Wiener Geburtsklinik üblich war, abschaffte und Frauen nur mehr in Seitenlage gebären durften. Der Grund: Die Seitenlage wurde an der Zweiten Klinik praktiziert, wo es eine geringere Müttersterblichkeit gab als auf der Ersten. Semmelweis wollte die exakt gleichen Bedingungen herstellen, um den Grund für das Kindbettfieber herauszufinden.

Zu diesem Zeitpunkt führte man – wie es Karl Braun in seinem Werk *Über Puerperalprozesse* beschrieb – das Kindbettfieber einerseits auf unbekannte atmosphärische, tellurische und kosmische Einflüsse zurück, andererseits war man sich aber durchaus auch darüber im Klaren, dass die schlechten hygienischen Bedingungen in den Gebäranstalten wie die unreinen Aborte, mangelhafte Lüftung, seltener Wechsel der Wäsche, Strohsäcke und Decken oder die überfüllten Räume „Epidemien und Endemien nicht nur befördern, sondern direkt veranlassen“ könnten. Aber auch dem durch Schwangerschaft und Geburt veränderten Organismus schrieb man eine negative Rolle beim Ausbruch des Kindbettfiebers zu. Braun listete insgesamt 30 Punkte auf, die dem Puerperalprozess zugrunde liegen könnten. In England hatte man zu diesem Zeitpunkt ein noch wesentlich umfangreicheres „Tatsachenmaterial“ gesammelt. Dabei wurde durchaus die kontagiöse Natur offensichtlich, die leicht mit Semmelweis‘ Thesen in Einklang hätten gebracht werden können, doch zogen die Ärzte auf der britischen Insel letztlich andere Schlüsse.

Nachdem sich die Sterberaten der Ersten und Zweiten Wiener Gebärklinik zuungunsten der Ersteren veränderten, war Semmelweis überzeugt, dass die höhere Mortalitätsrate durch eine endemische Ursache ausgelöst wurde. Zunächst erkannte er Ähnlichkeiten, die diese Sterbefälle aufwiesen: Fast ausnahmslos starben die Frauen mit einer verzögerten Eröffnungsperiode, weder Gassengebärende noch vorzeitig Gebärende erkrankten. Schließlich führte der plötzliche Tod des Wiener Gerichtmediziners Jakob Kolletschka (1803–1847) zur Quelle des Kindbettfiebers. Der Pathologe schnitt sich bei einer seiner Operationen in den Finger. Daraufhin erkrankte er an einer Lymphangitis und Phlebitis und starb an „beiderseitiger Pleuritis, Perikarditis, Peritonitis, Meningitis“ und „wenige Tage vor seinem Tode [bildete] sich eine Metastase in einem Auge“. Semmelweis erkannte, dass der Krankheitsverlauf bei dem Pathologen in auffälliger Weise jenem der Wöchnerinnen mit Kindbettfieber ähnelte. „Nicht die Wunde, sondern das Verunreinigtwerden der Wunde durch Cadavertheile hat den Tod herbeigeführt“, schrieb Semmelweis, dem dabei auch auffiel, dass Professoren, Assistenten und Schüler der Anatomie der Wiener Medizinischen Schule häufig mit Leichen in Berührung kamen und offensichtlich die gewöhnliche Reinigung der Hände mit Seife nicht ausreichte, um „die an der Hand klebenden Cadavertheile" zu entfernen, das „beweist der cadaveröse Geruch, welchen die Hand für längere oder kürzere Zeit behält". Bei der nachfolgenden Untersuchung der Schwangeren, Kreissenden und Wöchnerinnen würde diese verunreinigte Hand mit den „Genitalien dieser Individuen" berührt und die Frau infiziert. Ab Mai 1847 verwendeten die an der Klinik tätigen Mediziner zunächst hochpreisiges Chlorina liquida, etwas später Chlorkalk zur Händereinigung. Das Ergebnis: Im Mai 1847 starben 36 von 294 Wöchnerinnen, in den nachfolgenden Monaten reduzierte sich die Sterberate weiter: Von 1.841 Wöchnerinnen starben von Juni bis Dezember 56; im Vergleichszeitraum 1846 starben 459 von 4.010 Frauen. Bereits im Februar 1848 gelang es Semmelweis, die Todesfälle auf unter zehn zu senken.

Diese lebensrettende Erkenntnis wurde dennoch lange Zeit von der Wissenschaft abgelehnt oder in Frage gestellt – allen voran von Rudolf Virchow in Deutschland. In Wien lehnte Semmelweis' medizinischer Konkurrent Johann Klein (1788–1856) die Händedesinfektion ab. Und Semmelweis selbst weigerte sich lange Zeit – im Übrigen zum Nachteil seiner Reputation und seiner Entdeckung –, seine Lehre zur Verhinderung des Kindbettfiebers zu publizieren. Erst 1858 veröffentlichte er seine Entdeckung in ungarischer und 1861 – also fast 15 Jahre nach seiner revolutionären Erkenntnis – in deutscher Sprache. Gönner und Förderer wie der Primararzt des k.k. Findelhauses in Wien, Alois Bednař (1816–1888), wurden nicht müde, die Bedeutung der Entdeckung Semmelweis immer wieder hervorzuheben: „Sepsis des Blutes bei Neugeborenen [ist] jetzt eine Seltenheit geworden, welche wir der erfolgreichen und der größten Beachtung würdigen Entdeckung des Dr. Semmelweis zu verdanken haben, welcher die Ursache und die Verhütung des früher mörderisch wütenden Puerperalfiebers glücklich erforscht [hat]".

„Da sehen wir in den Alleen im zartesten Alter kaum nothdürftig ihre Blöße mit Lumpen verhüllt, zusammen gekauert, oft körperliche Gebrechen zur Schau tragend [...]. Wem gehören die Kinder? [Es] sind Findelkinder, die ehrlose Menschen in die Pflege nehmen, und dann zu ihren eigennützigen Zwecken abrichten und benützen."

Aus: Wiener Schnellpost, 16.07.1848

Das kranke Kind

SYPHILIS, ABZEHRUNG UND DIPHTHERITIS

Als menschenunwürdig lässt sich die in den vorangegangenen Kapiteln skizzierte Armut der sozialen Gruppen am besten bezeichnen. Doch das Schicksal der ledig geborenen Kinder übertrifft diese Bezeichnung in solch einem Maße, dass sich für dessen Beschreibung kaum ein Adjektiv finden lässt. Im 19. Jahrhundert ein Findelkind zu sein, war quasi mit Aussatz gleichzusetzen. Findelkinder büßten zeitlebens unverhältnismäßig für das Los, „unehelich" geboren worden zu sein, sowohl in ihrer sozialen als auch gesundheitlichen Entwicklung. Im besten Falle gelang es dem unehelichen Kind später, selbst eine Familie zu gründen – so geschehen beim bereits erwähnten Fabrikarbeiter Josef K. aus Arnoldstein, der 1867 unehelich geboren wurde, später eine Familie gründete, als Hilfsarbeiter seine Familie mehr schlecht als recht durchbrachte und schließlich 1915 als pflichtbewusster Beschäftigter der Bleiberger Bergwerksunion an einem Sonntag vom Keilriemen einer Maschine mitgerissen und getötet wurde. Die schlimmsten Fälle waren jene, die der auf Seite 94 wiedergegebene Text aus der Wiener Schnellpost beschreibt. So verlief mit hoher Wahrscheinlichkeit der Großteil der Kindheiten unehelich Geborener, wie Katharina Tmkas Sohn, nennen wir ihn Heinrich, und Marie Kasais Tochter, die wir Anna taufen, den beiden Gassengeburten aus dem vorangegangenen Kapitel. Intrinsischer Teil der vorgezeichneten Lebenswege nicht nur der Findelkinder, sondern auch der Kinder urbaner und ländlicher unterprivilegierter Schichten waren in der Regel unheilbare „Armekinderkrankheiten", die bei den unterernährten, ausgemergelten und vernachlässigten Minderjährigen zahlreiche Opfer fanden. Anhand der typischen Erkrankungen wie Syphilis, Abzehrung (Lebensschwäche, Marasmus) und vor allem Diphtherie soll im Folgenden aufgezeigt werden, mit welcher Wucht die ungebremste Verelendung der Massen die individuelle Existenz von Kindern des 19. Jahrhunderts traf und folglich eine annähernd normale Kindheit auf mehreren Ebenen verunmöglichte. Das Konstrukt „Kind und Kindheit" definierte sich in den letzten Jahrzehnten der Habsburgermonarchie typischerweise über das Überleben der besonders vulnerablen Säuglings- und Kinderjahre, sodass alle weiteren Kriterien, die zur Definition einer guten Kindheit herangezogen werden können, für diese Periode und für Kinder der unteren sozialen Schichten tatsächlich inexistent waren.

Das 19. Jahrhundert war, wie Historiker betonen, kein Jahrhundert des Kindes – weder in der Stadt noch am Land. Ungeachtet der Bestimmungen der Gewerbeordnung arbeiteten acht- bis 14-jährige Kinder in den städtischen Fabriken ebenso lange wie Erwachsene. Und Landkinder wurden entsprechend den Vorstellungen der Politiker „unbedingt zur landwirtschaftlichen Arbeit herangezogen". In stenographischen Protokollen der Sitzungen des Abgeordnetenhauses aus dem Jahr 1881 heißt es: „[Die] Kinder müssen an die schwere Arbeit gewöhnt werden, da dieselben sie sonst nicht mehr lernen oder jede Lust dazu verlieren." Tatsächlich gab es auch um die Jahrhundertwende noch immer keinen ausreichenden gesetzlichen Schutz des ehelich geborenen urbanen oder ländlichen Kindes. Die Existenz von Waisen oder unehelichen Kindern wiederum bestimmte die Ausbeutung, wie Renate Seebauer in ihrer Studie herausgearbeitet hat. Sie betont die Rolle von Waisenkindern, die auf dem Land von armen Keuschlern oder Inwohnerleuten als „Nebenerwerbsquelle" aufgenommen wurden – in Bezug auf das Kostgeld, das sie für die Kinder bezogen, und in Bezug auf ihre spätere Arbeitskraft. Voraussetzung dafür: Sie mussten zunächst einmal ihre Kindheit überleben. Nicht nur in Wien, sondern auch in ländlichen Regionen der Monarchie verzeichnete man im 19. Jahrhundert eine Kindersterblichkeit von etwa 45 Prozent. Letztlich war diese hohe Mortalitätsrate nicht nur auf diverse Erkrankungen zurückzuführen, vielmehr war sie auch zu einem großen Teil die Folge der Vernachlässigung.

Diese Vernachlässigung wurde „Kinderverthun" genannt. Damit war jedoch nicht nur die Weglegung, sondern auch die aktive Tötung gemeint und war bereits in der Malefizordnung von Maximilian I. aus dem Jahr 1499 unter Strafe gestellt worden. Später – in der Constitutio Criminalis Theresiana (1768) – wurde die Weglegung in einem eigenen Artikel behandelt. Der Tatbestand fand in unterschiedlichen Umfeldern statt: bei der Mutter, den Pflegefamilien und in diversen Findelheimen. Auch Heinrich Tmka und Anna Kasai verbrachten wohl einige Zeit in einer Wiener Findelanstalt. Dort wurden ungefähr im selben Jahr, als die beiden geboren wurden, 8.842 Kinder neu aufgenommen. Der Großteil davon – nämlich 8.062 – war weniger als das eigentliche Mindestalter von zehn Tagen alt. Die restlichen nicht älter als ein Jahr. Fast jedes zehnte Kind wurde sofort bei seiner Aufnahme, ohne einen einzigen Tag im Findelhaus zugebracht zu haben, in die auswärtige entgeltliche Pflege abgegeben. Viele Kinder waren bereits zum Zeitpunkt ihrer Aufnahme „schwächlich" und krank. Ein Waisenrat beschreibt nach einer seiner Inspektionen, dass Neugeborene „alten, toten [Männern] gleich[en würden]" und skizziert ihre körperliche Verfassung als „Totengerippe, [...] [worüber] eine schlaffe, runzelige, gelbgraue Haut [hängt]". Tatsächlich lag die Sterblichkeitsrate von Kindern in den Findelanstalten bei bis zu 60 Prozent. In anderen Worten: Diese als „Depot" bezeichneten Institutionen hatten also im Grunde die Aufgabe, die Kinder lediglich aufzubewahren, nicht aber gesund zu halten. In diesem Fall wäre das theoretische Erleben des ersten Geburtstages – dem Zeitpunkt der Entlassung aus dem Findelheim – des Großteils der Kinder realistisch(er) gewesen. Doch nicht nur in den Findelheimen war die Sterblichkeit unter den Kindern hoch, auch in den Pflegefamilien überlebten sie selten das erste Lebensjahrzehnt. So hat Renate Seebauer in ihrer Abhandlung über die Kinderarbeit im 19. Jahrhundert festgestellt, dass beispielsweise in Mährersdorf im Waldviertel zwischen 1821 und 1900 überproportional viele Findelkinder im Vergleich zur allgemeinen

Kindermortalität übrigen generellen Kindersterblichkeit des Ortes starben. Die Haupttodesursachen waren Durchfall, Schwäche und Fraisen (Krämpfe).

Vor dem Hintergrund dringend notwendiger Reformen analysierte der Verein böhmischer Ärzte in den 1860er Jahren die Institution Findelhaus und führte die wesentlich – teilweise bis zu 20 Prozent – höhere Kindersterblichkeit einerseits auf die schlechte Ausstattung und andererseits auf das „Erbgut", das „Krankheit" berge, zurück. Mediziner vertraten also die Ansicht, dass Findelkinder aufgrund ihrer genetischen Degeneration eher erkrankten als andere Kinder. Die hohe Kindersterblichkeit von unehelichen Findelkindern war jedoch wohl eher auf die schlechtere Versorgung und Fürsorge zurückzuführen als auf einen „anderen Genpool". Letztlich machten die Vereinsärzte tatsächlich neben Tuberkulose noch einen anderen Schuldigen aus: die Syphilis. Sie begründeten das damit, dass ledige Mütter meist an Syphilis erkrankt waren und diese Krankheit an das Ungeborene weitergaben. Unzweifelhaft waren arme Mütter – ob ledig oder verheiratet – meist in einem schlechten allgemeinen Gesundheitszustand. So zeigten die Ergebnisse einer Erhebung zur prä- und postkonzeptionellen Syphilis, die Isidor Neumann in der Klinischen Wochenschrift von 1889 publizierte, ein düsteres Bild: Von 15 analysierten Fällen mit einer Infektion zwischen dem zweiten und neunten Schwangerschaftsmonat verstarben acht Kinder entweder vor oder nach der Geburt, zwei weitere waren syphilitisch und fünf waren gesund. Bei weiteren 41 Fällen, wo eine Infektion gleichzeitig mit der Konzeption stattfand, verzeichnete er eine Totgeburt. Auffallend bei seiner Erhebung ist die Tatsache, dass alle Mütter aus dem Arbeiter- und Hilfsarbeitermilieu beziehungsweise aus dem bäuerlichen Dienstbotenwesen stammten. Wenn die Frauen überhaupt behandelt wurden, so kam in den überwiegenden Fällen Jodkalium zum Einsatz.

Nach und nach erkannten Ärzte immerhin, dass die Übertragung der Syphilis nicht nur über die Mutter, sondern auch über den infizierten

Vater stattfinden konnte. Allerdings machte diese Erkenntnis den moralisch-sittlichen Makel der ledigen Mutter nicht wett.

Das syphilitische Kind wurde in der pädiatrischen Medizin des 19. Jahrhunderts in eine der drei Kategorien eingeordnet: totgeboren, im ersten Halbjahr gestorben oder Überlebende der ersten sechs Monate. Dabei konnten Kinderärzte nachweisen, dass ein Drittel der Kinder, die von an Syphilis erkrankten Eltern gezeugt und ausgetragen wurden, tot zur Welt kam. Ein Viertel der Kinder, die lebendgeboren wurden, war stark untergewichtig und starb im ersten Halbjahr. In den Findelanstalten soll – entgegen den Behauptungen der böhmischen Ärzte – „die Lebensfähigkeit im Durchschnitte [...] eine bedeutend erhöhte" gewesen sein. Zur Ehrenrettung der böhmischen Ärzte muss gesagt werden, dass böhmische Findelhäuser, vor allem das Prager, den nicht gerade vorteilhaften Ruf einer besonders hohen Kindersterblichkeit besaßen.

In Wien sah es nur geringfügig besser aus. Dort begründete Max Kassowitz (1842–1913), einer der führenden Pädiater seiner Zeit, die scheinbar günstigere Lebenserwartung der Findelkinder mit der gleichzeitigen Präsenz von Kindern „recent syphilitischer Weiber" und anderer Kinder „einer gewissen Bevölkerungsklasse" und folglich mit dem Vorhandensein aller Stadien der syphilitischen Vererbung. Trotz dieses vermeintlichen „Vorteils" starben im Wiener Haus zwischen 1854 und 1868 von 400 Kindern mit hereditärer Syphilis 337. Wie seine böhmischen Kollegen ortete auch er in den „bekannten und theilweise unausweichlichen ungünstigen Verhältnissen" den Hauptgrund für die hohe Mortalität. Allerdings wies Kassowitz auch auf einen weiteren Grund hin: Die Kinder wurden ihren syphilitischen Müttern sofort weggenommen und von Ammen „stiefmütterlich gesäugt" oder nach Ausbruch der Krankheit künstlich ernährt. Auch wenn Kinder in Kinderspitälern und Ambulatorien einer Behandlung mit Quecksilber unterzogen wurden, womit Ärzte den überflüssigen „Schleim" aus dem Körper leiten wollten, war ihre Lage dort letztlich auch nicht wesentlich günstiger. Tatsächlich übergaben sich Kinder wie Erwachsene aufgrund der Behandlung zwar heftig, großflächige Behandlungserfolge blieben jedoch weitgehend aus. Findelkinder erhielten aber weder eine Behandlung (auch wenn diese sicherlich nur geringe Erfolgsaussicht hatte) noch ausreichende Ernährung und Fürsorge.

Aufgrund der hohen Sterblichkeitsrate und der harschen Kritik, Findelhäuser würden das unmoralische Verhalten von Frauen stützen, wurde in den späten 1860er Jahren der Plan geboren, die Findelanstalten zu schließen. Dagegen liefen Ärzte und Politiker Sturm. Ärzte traten auf, um auf Unregelmäßigkeiten in den Statistiken hinzuweisen, da diesen auch Todesfälle, die sich außerhalb der Anstalt ereigneten, zugerechnet würden. Politiker wiederum warnten vor den Konsequenzen der unbedachten Schließung der Einrichtungen: „Sie wollen die Findelanstalten aufheben, weil daselbst zu viele Kinder sterben. Vergessen Sie aber nicht, dass Sie auf diesem Wege Gefahr laufen, nicht nur die Kinder durch Ermordung, sondern auch die Mütter derselben zu verlieren, für die sie dann neue Straf- und Gefangenenhäuser errichten müssten“, hieß es in einem Brief des Regierungssprechers in Oppeln Dr. Johann Georg Wilhelm von Viebahn, der in der Zeitschrift der k.k. Gesellschaft der Ärzte zu Wien veröffentlicht wurde. Zudem verwies der Deutsche auf den Umstand, dass eigentlich die Väter für Kind und Mutter aufzukommen hätten – und nicht erst nach gerichtlicher Verfolgung –, doch besaßen diese Väter in der Regel ebenso wenig wie die Mütter: „Nichts und weniger als nichts.“ Aus diesem Grund spielten Findelhäuser auch in der Versorgung von Kindern, deren Eltern über keinerlei finanzielle Möglichkeiten verfügten, trotz aller Diskussionen eine wesentliche Rolle.

Dennoch wurden im Kronland Mähren – im Gegensatz zur Reichshauptstadt Wien – die Findelanstalten in Olmütz und Brünn Ende 1879 geschlossen. Mütter waren somit ab dem 1. Jänner 1880 gezwungen, ihr Kind nach der Geburt mitzunehmen, es Verwandten zu überlassen oder in die Gemeindepflege zu übergeben. Der k.k. Sanitätsrat für Mähren kam nicht umhin, die mit der Schließung der Findelanstalt zurückgehende Geburtenzahl im Gebärhaus als positive Folge hervorzuheben. Tatsächlich reduzierte sich die Zahl von 609 (1873) auf 211 (1880). Dass mit der Schließung aber ebenfalls einherging, dass die Kinder größtenteils unversorgt waren, wenn die Eltern oder Mütter arbeiten gingen, wurde erst einige Seiten später im Sanitätsbericht für 1880 zugegeben. Kinder blieben folglich die Opfer des sozioökonomischen Umfeldes, in das sie hineingeboren worden waren. Ihr Schicksal war somit in den überwiegenden Fällen vorgezeichnet: Armut, Analphabetismus, sehr häufig Abstieg in die Kriminalität. So sind beispielsweise Gerichtsakten bekannt, in denen unehelich geborenen Straftätern „die Verwahrlosung und üble Behandlung von [Stiefvätern]“ de facto als Charaktereigenschaft zugeschrieben wurden, die sie „die Bahn des Verbrechens“ einschlagen ließen.

Zudem wurde überraschend häufig über Missgeburten unter den unehelich geborenen Kindern berichtet. Vermutlich stand dies im Zusammenhang mit der auch unter Medizinern verbreiteten Meinung, dass Findelkinder degeneriert waren. So war in der „Geburtsankündigung“ in der Morgenpost vom 3. Juli 1862 zu lesen, dass unsere Gassengeburt aus dem vorangegangenen Kapitel, Heinrich Tmka, „an jeder Hand mit sechs Finger[n] und jedem Fuß mit sechs Zehen“ geboren wurde (oder geboren worden sein soll). Ob dies tatsächlich der Wahrheit entspricht, ließ sich anhand der zugänglichen Quellen leider nicht eruieren. Doch ging wohl die Medizin um diese Zeit davon aus, dass körperliche und geistige Behinderungen oder Missgeburten bei ledigen Kindern häufig mit dem „Gemüthsaffekte der unehelich schwangeren Mutter“ in Verbindung stand – also in unserem Fall mit Katharina Tmka. Und Carl von Rokitansky selbst schrieb in seinem *Lehrbuch der pathologischen Anatomie*, dass es „unzweifelhafte Fälle“ gebe, „wo ein heftiger Affekt der Mutter die Entstehung der Missbildungen veranlasst“ habe. Anders ausgedrückt war die Medizin teilweise der Ansicht, dass es einen Zusammenhang zwischen der emotionalen Verfassung der Mutter und der Gesundheit des Ungeborenen geben müsse. Eine überzeugende Begründung, warum in diesem Zusammenhang uneheliche Mütter als besonders vulnerabel hervorgehoben wurden, blieben Mediziner allerdings schuldig.

Missgeburten dürften ganz allgemein die Fach- und Laienwelt „fasziniert" haben, davon zeugen zahlreiche, fallweise äußerst detaillierte Berichte über Missgeburten unabhängig von ehelichen oder unehelichen Müttern in Fachzeitschriften, aber auch in Laienzeitungen. Vor allem in remoten Gegenden, wo sie eher mit Aberglauben und weniger mit genetischen oder sonstigen medizinischen Erklärungen in Verbindung gebracht wurden, sind diese Berichte häufig zu finden. Der praktische Arzt G. Koller berichtete in der Wiener Medizinischen Wochenschrift über eine dieser „seltene[n] Missgeburt[en]", die in Gorlice, einem Dorf in Galizien, zur Welt gekommen war. Er schrieb, dass das Kind einer 28-jährigen Bäuerin, das im Mai 1856 geboren wurde, „zu den merkwürdigsten Missgeburtserscheinungen (zwei Köpfe auf einem Rumpfe)" gehörte. Die Beamten und der Arzt des Bezirks besuchten die Mutter und das totgeborene Kind drei Tage nach der Geburt. Ihren Erzählungen nach war die Frau verheiratet und von rüstigem Körperbau. Die Schwangerschaft war ihre dritte gewesen. Sie empfing die Delegation aufrecht auf ihrem Bett sitzend, doch „ihr Gemüt war ein wenig niedergeschlagen". Vor allem weil Dorfbewohner die Missgeburt aufgrund einer Sage mit einer „Verfluchung des Teufels über sie" in Zusammenhang brachten. Die Bäuerin berichtete, dass sich die letzte Schwangerschaft bis auf eine „größere Schwere und Ausdehnung des Unterleibes" nicht von den anderen unterschieden hatte. Sie gebar ihr Kind ohne ärztliche Hilfe, die anwesende Dorfhebamme, ein altes Dorfweib namens Babka, besaß nicht die geringste geburtshilfliche Bildung. Das weibliche Neugeborene mit den zwei Köpfen lebte, so erzählten die Angehörigen, etwa eine Stunde.

Missbildungen von Kindern traten aber auch durch die vererbte Syphilis auf. Vor allem wenn die Lippen der betroffenen Kinder deformiert oder stark eingerissen waren, hatten sie nicht nur allgemein Schwierigkeiten mit dem Saugen, vielmehr vermochten sie den Saugreflex nicht über einen längeren Zeitraum aufrecht zu halten. Ärzte berichteten, dass Kinder mit rhagadenartigen Kerbungen der Lippen „[diese] nur mit bedeutender Anstrengung und erst nach einigen fruchtlosen Versuchen in einem Rüssel ausziehen und zum Saugen verwenden konnte[n] und selbst davon musste[n sie] nach einigen kurzen, unausgiebigen Zügen“ wegen der Schmerzen ablassen. Wenn das Kind stärker saugte, dann bluteten diese Risse und Kerbungen mitunter sehr stark. Zudem entwickelten sich bei Babys mit hereditärer Syphilis offene wiederkehrende Geschwüre und diverse Hauterkrankungen.

Mächtiger Feind und Tyrannenherrscher

Nicht nur syphilitische Babys waren aufgrund der Rhagaden stark unterernährt, generell beeinflussten der schlechte Ernährungszustand sowie die allgemeine Vernachlässigung und mangelnde Fürsorge die Gesundheit der Kinder. In der Medizin waren die Auswirkungen dieser Trias als Marasmus (Abmagerung) bekannt. Ärzte beschrieben, dass im Falle einer Erkrankung „die Kleinen nur mit Mühe zur Aufnahme von Nahrung zu bewegen sind“. So berichtete der Förderer der frühkindlichen Entwicklung Ignaz Lederer (1781–1874) im Jahr 1858 über die Auswirkungen, die eine zu rasche Kompensation des „Heißhungers“ dieser Kinder gehabt hatte. Sie sollten daher behutsam und langsam an die Nahrung herangeführt werden, ansonsten erzeugten „Semmel, Brei, Weissbrod in Milch u.s.w. die Diarrhoe, das Erbrechen, den Schmerz aufs Neue, aber nie und nimmer [könnten damit] die verlorenen Säfte und Kräfte“ zurückgewonnen werden. Von der allgemeinen Unterernährung grenzten die Mediziner die hochgradige Abmagerung als eine Erscheinung ab, die „den Arzt auf das Vorhandsein eines mächtigen Feindes der Digestion hinführte“. Dabei erbrachen sich Kinder oft wochenlang und litten ebenso lange an Durchfall. Das Resultat: Kinder mit diesem Krankheitsbild hatten einen „von Gas aufgetriebenen Bauch“, „einen total collabirten Körper und [ein] greisenhafte[s] Gesicht“. In der Regel waren die Ärzte – eigenen Angaben zufolge – in diesem ausgeprägten Krankheitsstadium selten in der Lage, den Kindern zu helfen. Sehr viele von ihnen starben. Die meisten Opfer fand die hochgradige Abmagerung bei „Kostkindern“ (Findelkindern), da sie im Gegensatz zu den anderen Kindern „künstlich ernährt“ wurden, ihnen also selten Muttermilch verabreicht wurde. Dabei erwies sich vor allem die Gabe von „Zulpen“, also mit Zucker oder Alkohol gefüllten Stoffbeuteln, die als Schnullerersatz dienten, ebenso wie „Mohn-, Kamillen- und Rhabarbersaft“ als krankheitsfördernd. Litten die Kinder nach einer Zeit an Obstipation, wurde intensiv „Kindermeth“ zur Darmentleerung eingesetzt, was dem Organismus weitere Elektrolyte und Flüssigkeit entzog und zudem eine enorme Belastung für den Körper des geschwächten Kindes bedeutete. Häufig wurden diese Kinder mit dem De-facto-Todesurteil „das Kind hat die Abzehrung“ aufgegeben.

Diese extreme Abmagerung und Abzehrung der Kinder waren in weiterer Folge Symptom und Ursache diverser – mitunter chronisch verlaufender – Erkrankungen, darunter vor allem Darmleiden. Die „Tyrannenherrschaft“, die diese Darmerkrankung über das früheste Kindesalter ausübte, ist nach Ansicht des emeritierten Assistenten der Wiener Kinderklinik Ignaz Lederer mit jener der Tuberkulose über das Jugendalter vergleichbar. Die überforderten „ärmeren“ Eltern brachten ihre Kinder letztlich ins Kinderspital, weil die „Ruhestörer Tag und Nacht vor Schmerzen, bis ihnen die Stimme versagte“, schrien. Bei der Behandlung dieser Kinder stellte der Pädiater häufig fest, dass eine hochgradige Anämie der Darmschleimhaut, die auf vitamin- und eisenarme Nahrung zurückzuführen war, die Darmerkrankung verschlimmerte. Verdauungsstörungen traten zudem häufig als Begleiterkrankung der Rachitis auf, die vor allem kurz vor der Jahrhundertwende ausführlich in medizinischen Fachblättern wie der Monatsschrift für praktische Medicin diskutiert wurden. Die zahlreichen Fälle, die dabei beschrieben wurden, zeigen das Leid der unter Zehnjährigen, die zudem häufig zurückgeblieben und ausgezehrt waren, zusätzlich an Tuberkulose, Skrofulose und Erbrechen litten und so die Erkrankungen noch schwerer bewältigen konnten. So auch die zweijährige Maria, die einen stark deformierten Brustkorb, ein verkrümmtes Rückgrat und die typischen O-Beine der Rachitis aufwies und zudem zum Zeitpunkt der Aufnahme in der Wiener Klinik seit einigen Tagen an starkem Durchfall litt. „Täglich sieben- bis achtmal" entleerte sich Maria, notierte der behandelnde Arzt. Dass die Zweijährige zudem wegen ihrer Rachitis noch nicht laufen konnte, beeinflusste nachhaltig die soziale Entwicklung des Kleinkindes. Die große Errungenschaft dieser Zeit war die erfolgreiche Behandlung dieser mitunter schwerkranken Kinder mit Milchsomatose, ein aus dem Eiweiß der Milch hergestelltes Präparat, das zur schnellen Kräfte- und Gewichtszunahme führte. Ärzte berichteten sogar über Heilung „in drei oder weniger Tagen". Auch Maria wurde – so der Arztbericht – nach vier Tagen „als geheilt betrachtet". Vor allem die Eigenschaft des Präparates, die Kranken über die kritischen Perioden zu bringen, machte es zu einem vielfach eingesetzten Arzneimittel, das zahlreichen, vorher als hoffnungslos aufgegebenen Kindern das Leben rettete. Übrigens: Nicht nur die Schulmedizin kannte diese Behandlung, auch in der volkstümlichen Heilkunst gaben Frauen abgezehrten Kindern warme Kuh- oder Eselmilch. Zudem sah die Volksmedizin die Gabe von Eichelschokolade (Chocolata quernea), die aus pulverisierten und gerösteten Eicheln, Kakaopulver und Zucker bestand, vor. Bei rachitischen oder skrofulösen Kindern mit Abzehrung empfahl sie ein Vollbad mit Kalmuswurzeln, Fliederblumen und Kamillenblüten.

Es gab aber noch eine Krankheit, die neben der Syphilis und der Abzehrung höchste Todeszahlen unter den Kindern forderte: die Diphtheritis. Bei ihr vermischten sich die Kennzeichen der Armenkinderkrankheiten, nämlich Mangel- und Infektionsanfälligkeit aufgrund des geschwächten Immunsystems, auf besonders schicksalhafte Weise: Tatsächlich war die Zahl der Erkrankungen von Kindern, die unter- und mangelernährt, skrofulös oder tuberkulös waren, bedeutend höher als bei gut genährten Kindern. Ebenso verhielt es sich auch in Bezug auf die Krankheitsprognose und Todesfälle.

Der Kinderwürger

Knapp vor dem Osterfest des Jahres 1896 verbot die k.k. Bezirkshauptmannschaft in Spital an der Drau alle österlichen Messen, weil „in der Gemeinde Kolbnitz und den Nachbargemeinden Diphtheritis häufig vorkommt und durch das Zusammenströmen der Bevölkerung bei diesen Predigten die Gefahr einer raschen Verbreitung dieser mörderischen Kinderkrankheit nahe liegt". Auch in einigen Regionen des Kärntner Gurktals stiegen die Diphtheriefälle nach der Endemie im Dezember und Jänner abermals besorgniserregend an, so dass der Kärntner Landbote am 20. März vor der „Rückkehr des unheimlichen Gastes" warnte. Allerdings maßen die Gemeindebewohner den Erkrankungsfällen zunächst keine große Bedeutung bei, dachten vielmehr, es handle sich um einen Stockkatarrh, also eine Schleimhautschwellung. Als endlich die wahre Erkrankung bekannt wurde, versuchten die betroffenen Familien vergeblich mit „alle[n] möglichen Hausmittel[n]" gegen den „Kinderwürger" anzugehen. Dabei griffen sie sehr wahrscheinlich auf Honigwickel zurück, die typischerweise bei Halskatarrhen und auch Diphtherie eingesetzt wurden. Obgleich zwar Honig aufgrund seiner entzündungshemmenden und antibiotischen Eigenschaften bei Husten und „normalen" Halsschmerzen gut wirksam war, blieb er bei Diphtherie weitgehend wirkungslos. In anderen Tälern wie dem Lavanttal machten wiederum Geistliche die Bewohner auf ein „einfache[s] Mittel" aufmerksam: Terpentinöl. Offensichtlich war es nämlich einem Geistlichen in St. Leonhard unter großer Bewunderung der Bewohner gelungen, ein „zehnjähriges Schulkind, schon bläulich und dem Ersticken nahe" durch das Einreiben von einem Ohr zum anderen über „Hals und Kehle" mit Terpentinöl und nachfolgender Inhalation von Terpentinöl zu retten: „Die Wirkung war überraschend. Beim zweiten tiefen Athemzuge trat heftiger Husten mit sehr reichlichem diphtheritischem Auswurf ein und das Kind athmete ruhiger und der fürchterliche Anblick des Erstickenden verschwand." Terpentinöl wurde später auch von der Medizin, wohl aufgrund seiner durchblutungsfördernden und antiseptischen Wirkung und der Eigenschaft, die Bronchialsekretion zu vermindern, bei Kinderdiphtherie empfohlen. Allerdings kann Terpentin Leber- und Nierenschäden verursachen. Doch zurück zur Diphtherie im Frühling 1896 im Gurktal, wo weder die Schul- noch die Volksmedizin der Erkrankung Herr wurde: „Die ganze Gemeinde [Glödnitz war] verseucht." Binnen kürzester Zeit stiegen die Erkrankungsfälle dermaßen an, dass sowohl der St. Veiter Bezirksarzt als auch jener von Weitensfeld kaum mehr in der Lage war, die Kranken zu versorgen. Abermals und nicht zum letzten Mal im ausgehenden 19. Jahrhundert fanden „viele Kinder, [die von der Diphtheritis heimgesucht wurden], durch Ersticken den Tod".

Diphtherie, im Volksmund „Kinderwürger" genannt, regional auch als „Sucht", „Infilitus" oder „Diftulus" bezeichnet, zählte zu den häufigsten Kinderkrankheiten des 19. Jahrhunderts. Die höchsten Inzidenzraten wiesen Kinder im Alter bis zehn Jahren auf, und zwischen 1895 und 1900 betrafen drei von vier Todesfällen Kinder unter fünf Jahren. Interessanterweise brach unter zeitgenössischen Medizinern ein wahrer Streit über die Qualität der Krankenstatistiken aus. So gab der Grazer Hygieniker Max Gruber (1853–1927) zu bedenken, dass in vielen Statistiken „viele leichte Fälle [bei den Armen] gänzlich übersehen" würden und folglich die Inzidenzraten in den unteren Schichten noch wesentlich höher wären. Zudem wäre auch ein Vergleich zwischen armen und reichen Erkrankten unzulässig, weil die Geburtenraten „in den armen und reichen Gassen" unterschiedlich hoch wären und somit auch die Hochrechnungen nicht miteinander in Relation gesetzt werden könnten. In jedem Fall breitete sich die Diphtherie wie der Großteil der Infektionserkrankungen in der armen Bevölkerung aufgrund der unhygienischen Wohnsituation, der prekären Lebensumstände und der schlechten Ernährung rasant aus. Dies bestätigten zahlreiche epidemiologische Studien diverser Mediziner, unter anderem auch jene des Wiener Sekundararztes Adalbert Schuster. Er hielt in seiner Schrift über die Diphtherie 1879 unter anderem fest, dass eine Diphtherieepidemie an „keine Jahreszeit" gebunden sei, und die Erkrankung „vorzüglich die Hütten der Armen besucht, wo die Luft von animalischen Ausdünstungen geschwängert“ war. Zudem trugen, so Schuster, ein Mangel an Ernährung und körperlicher Pflege der Kinder, die „hauptsächlich von der Ansteckung betroffen“, zur Ausbreitung der Krankheit bei. Wenige Jahre später verwunderte indessen Max Gruber mit einer These, wonach statistischen Daten zufolge Kinder der Armen „weniger häufiger an Diphtheritis erkrank[t]en“ als Kinder reicher Leute. Der Grund: Die armen Kinder waren in Bezug auf Kleidung weniger verweichlicht und daher widerstandsfähiger und abgehärteteter gegen Erkältungen. Gruber betonte, dass schließlich auch Kneipps Behandlungserfolge auf dem Prinzip der Abhärtung beruhten. Für diese in einer Tageszeitung 1896 kolportierte These lässt sich in zeitgenössischen medizinischen Fachblättern allerdings keine Bestätigung finden, sodass man vermuten kann, dass Gruber hier möglicherweise falsch oder zumindest unvollständig zitiert worden war.

Mitte des Jahrhunderts tappte die europäische Medizin hinsichtlich der Ursachen der Diphtherie „noch vollkommen im Dunkeln“, wie der deutsch-englische Arzt Julius Althaus (1833–1900) im Jahr 1860 in seinem Bericht über die Diphtherieepidemie in London in der Wiener Medizinischen Wochenschrift zugeben musste. Er vermutete, dass „wohl ein spezifisches Virus existieren müsse“, aber um welche Art es sich handeln könnte, darüber „liegen nicht einmal Andeutungen vor“. Faules Trinkwasser, mangelhafte Abzugskanäle oder üble Gerüche aller Art wurden als Auslöser ins Feld geführt. Vor dem Hintergrund dieses medizinischen Kenntnisstandes wurden erkrankte Kinder bestmöglich behandelt, so auch die sechseinhalbjährige Hilde und der zweijährige Felix, die im Februar 1859 in einem städtischen Spital aufgenommen wurden. Hilde kam am dritten Tag ihrer Diphtherieerkrankung ins Spital. Knapp einen Monat zuvor hatte sie die Masern überstanden und sich davon immer noch nicht vollständig erholt, als sie plötzlich über Halsschmerzen klagte und stark hustete. Die behandelnden Ärzte stellten bereits zum Zeitpunkt ihrer Aufnahme Pseudomembranen an den Mandeln fest. Am nächsten Tag war Hilde blass, mit „erdfahler“ Hautfarbe, der Puls war „klein und schwach“, die Temperatur „deutlich vermindert“. Das kleine Mädchen war – wie Ärzte notierten – niedergeschlagen und schläfrig. Hilde wurde Chinawein, Tonica und Excitantia verabreicht – dennoch: „Der Kräfteverfall machte reissende Fortschritte." Am nächsten Tag starb Hilde, nur fünf Tage nach ihrer Infektion mit dem Diphtheriebakterium. Zwei Tage nach Hilde wurde der zweijährige Felix mit Halsschmerzen, trockenem Husten und geräuschvoller Atmung ebenfalls in stationäre Behandlung übernommen. Der Junge hatte laut Arztbericht trotz des sehr hohen Fiebers Appetit. Zwei Tage später beobachteten die Ärzte einen heiseren Husten, beschleunigte und pfeifende Atmung. Die Mandeln waren „mit weißen, dichten Überzug bildenden Pseudomembranen" überzogen, aus der Nase lief ein „sehr übelriechender, serös-saniöser Ausfluss". Felix erhielt ein Brechmittel, um die Pseudomembranen zu erbrechen. Am nächsten Tag atmete der Zweijährige so schwer, dass bei jedem Atemzug das Brustbein stark einsank – der Junge war „blass, sodann violett". Um acht Uhr morgens am Folgetag „war das Kind schon kalt und fast im Sterben". Die Ärzte entschlossen sich dazu, Felix zu operieren. Damit fiel ihm das Atmen leichter, „die Haut [blieb] bleigrau". Felix starb einen Tag nach der Operation nach einer viertägigen Krankheit. Felix' Diphtheritis war noch schneller vorangeschritten als Hildes. Sowohl die „allgemeinen" als auch „die örtlichen Symptome" hielten sich „fast das Gleichgewicht": schneller Verlauf, Kräfteverfall, allgemeine Verbreitung der Diphtheritis, Schwellung der Drüsen und des Zellgewebes, bleigraue Hautfarbe, notierten die behandelnden Ärzte in seine Krankenakte. Diesen beiden Kindern folgen unzählige andere in der Stadt und auf dem Land mit gleichem Ausgang.

Schon die volkstümliche Bezeichnung „Kinderwürger" ließ auf den dramatischen Verlauf der Erkrankung schließen, was die erhaltenen Krankenakten zu Hilde und Felix bestätigen: Die Diphtherie (Diphtheritis, Halsbräune) kennzeichnete, wie es in den Arztberichten heißt, ein „stinkender Athem, sehr starkes Fieber, rasche Zunahme der brandigen Zerstörung bis hin zum submukösen Bindegewebe, völliger Verfall der Kräfte, endlich Tod". Vor allem die Lähmung des Gaumensegels, die erstmals von französischen Ärzten beobachtet wurde, verfestigt ihre volkstümliche Bezeichnung als Kinderwürger. „Charakteristisch hierfür waren das näselnde Sprechen und die Schlingbeschwerden, besonders bei der Aufnahme von Flüssigkeiten. Diese flossen nach einiger Zeit wieder zur Nase und Mund heraus; auch feste Speisen, die überhaupt nur sehr langsam und vorsichtig verschluckt werden konnten, kamen beim Ausschnaufen wieder aus der Nase heraus", hielt ein Arzt fest. Typisch für die Diphtherie ist die Bildung einer Pseudomembran auf der Schleimhaut, die aus verändertem Gewebe besteht und zahlreiche Bakterien beheimatet. Das Spezifische dieser Schleimhaut ist es, dass sie sich nicht abwischen lässt und eine gewaltsame Entfernung zu mitunter starken Blutungen führt. Je nach Lokalisation unterscheidet man zwischen Nasendiphtherie, von der primär Säuglinge betroffen sind/waren, und Rachendiphtherie, die Kleinkinder heimsucht(e). Die gefährlichste Form ist/war die Kehlkopfdiphtherie (Krupp), die letztlich zu Erstickungsanfällen führt. Komplikationen dieser Infektionskrankheit sind Herzmuskelentzündung mit nachfolgender Herzvergrößerung, Kreislaufversagen und plötzlicher Herztod. So berichtete der Wiener Sekundararzt Heinrich Adler (1849–1909) 1879 davon, dass manche Kranke „sterben, deren Befinden noch keine ernstliche Besorgniss eingeflösst hatte" und deren Allgemeinzustand bis zum Zeitpunkt des Todes „ganz befriedigend war". Er erzählte von dem „charakteristischen Fall" eines neunjährigen Kindes, das „nach überstandener Diphtheritis bereits das Bett verlassen hatte, las und spielte und unter plötzlichem Kollaps zu Grunde ging".

Unzweifelhaft war Medizinern die Brisanz dieser Infektionserkrankung seit vielen Jahrzehnten bekannt. So hob Adler bereits 1879 ihren weitgehend „endemischen Charakter" hervor. Ohne spezifische Therapieoptionen stand die Medizin dem Kinderwürger jedoch lange machtlos gegenüber. Es kamen mechanische, antiphlogistische und antiseptische Therapien zum Einsatz, wovon allerdings die meisten ebenso schnell wieder verschwanden, wie sie in Erscheinung getreten waren. Das änderte sich erst 1894 mit der Einführung des „immunisierten Thierblutserums" des deutschen Immunologen Emil von Behring (1854–1917). Seither hatte die Medizin erstmals eine tatsächliche Waffe gegen die heimtückische Erkrankung in der Hand. Bevor allerdings Behrings Serum auf den Markt kam, gelang dem deutschen Bakteriologen Friedrich Löffler (1852–1915) im Jahr 1884 mit der Entdeckung des auslösenden Bakteriums (Corynebacterium) der erste wichtige Schritt zur Bekämpfung der Erkrankung. Ihm folgten vier Jahre später die Erkenntnisse von Émile Roux (1853–1933) und Alexandre Yersin (1863–1943), dass jenes Toxin, das das Corynebakterium produziert, auch Krankheitssymptome hervorrufen kann, ohne dass Diphtheriebakterien im Organismus vorhanden sind. Heute ist die hemmende Wirkung des Toxins auf die Proteinsynthese in den befallenen Zellen gut erforscht. Auf Löfflers, Roux und Yersins Erkenntnissen aufbauend konnte Behring seine Passivimmunisierung entwickeln, die durch die Gabe des Antitoxins, das zuvor von einem anderen Organismus produziert wurde, erfolgte. Zunächst wurden dafür Rinder-, Schaf- und Pferdeorganismen verwendet. 1890 legte Behring erste Ergebnisse seines Verfahrens vor, 1893 fand der erste Anwendungsversuch am Menschen statt – aufgrund der zu niedrigen Antitoxinkonzentration mit zunächst sehr bescheidenen Erfolgen. Nach der Entwicklung eines Verfahrens zur Titerüberprüfung zur Anpassung der Antitoxinkonzentration begann man in den Höchster Farbwerken 1892 mit der industriellen Produktion. 1894 folge die breite Anwendung der Anti-Diphtherie-Serumtherapie. Allerdings ließen sich auch mit Behrings Heilserum die Sterblichkeitsraten nicht langfristig senken. Zwar waren nach dessen Einführung ab 1894 die Todesfälle vergleichsweise stark zurückgegangen, bis diese dann auf einem niedrigeren Niveau als vor 1894 stagnierten. Dabei waren abhängig von Besiedlungsdichte und ärztlicher Versorgung – wie Michael Pammer in seiner Studie unterstreicht – regionale Unterschiede erkennbar. Zudem spielte auch der Beginn der Behandlung mit dem Heilserum eine wesentliche Rolle: Je später es im Krankheitsverlauf verabreicht wurde, desto geringer waren auch die Heilungschancen.

Nachdem Roux und Behring im September 1894 ihre Serumtherapie der medizinischen Öffentlichkeit vorgestellt hatten, wurde diese von vielen Kinderspitälern der Habsburgermonarchie übernommen und kam teilweise auch im niedergelassenen Bereich zum Einsatz. Per Erlass verfügte das k.k. Ministerium des Inneren am 22. Dezember 1894, dass das Serum von öffentlichen Apotheken bezogen und an Ärzte abgegeben werden konnte. Der Bezirksarzt Blumenfeld war einer der ersten, der das Heilserum bei diphtheritiskranken Kindern von Tabakfabrikarbeitern in Hainburg anwendete. Diese Kinder lebten in überfüllten und unhygienischen Wohnungen und wiesen allesamt einen schlechten Ernährungszustand auf. Als im Frühjahr und Herbst 1894 in den zahlreichen Arbeitersiedlungen Hainburgs und den umliegenden Gemeinden die Diphtherie wütete, rief man zu einer breitangelegten Spendenaktion auf, um das Heilserum anschaffen zu können. Mit Erfolg: Blumenfeld konnte zwischen dem 20. Oktober und dem 31. Dezember 48 kranke Kinder zwischen 15 Monaten und 13 Jahren in acht Gemeinden und drei Bahnwächterhäusern der Eisenbahnstrecke zwischen Wien und Bruck an der Leitha impfen. 45 Kinder galten danach als geheilt, lediglich zwei starben und eines war noch in Behandlung. Für jene, die „zu spät in ärztliche Behandlung" kamen, konnte Blumenfeld hingegen nichts mehr tun.

Der Kampf gegen Diphtheritis blieb in erster Linie von der „Mildthätigkeit der Bewohner" diverser Gemeinden abhängig. Nicht nur in Hainburg, auch in anderen Gemeinden und Regionen appellierten daher diverse Vereine – ermutigt von den Erfolgen, die mit Behrings Serum zu erzielen waren –, die Ärzteschaft im „Kampfe um das Höchste und Theuerste, um Leben und Gesundheit der erkrankten Kinder [Unbemittelter]" mit Geldspenden zu unterstützen. Die ungelöste Finanzierungsfrage hatte im Übrigen auch negativen Einfluss auf die Meldepflicht der Diphtherie durch Ärzte und folglich auf die Krankheitsstatistiken, wenn zahlreiche Fälle überhaupt nicht gemeldet wurden.

Das Serum wurde aufgrund seines Erfolgs schnell zur Mangelware. Dies lag aber nicht immer an der Impfung der zahlreichen an Diphtherie erkrankten Kinder, sondern auch daran, dass „gegenwärtig jeder gewissenhafte Arzt, der sich einem zweifelhaften ulcerösen Processe im Halse oder Stenose im Larynx" gegenübersah, eine Impfung als „seine heilige Pflicht erachte[te]". Allerdings spiegelt das auch den unbedingten Willen der Ärzte wider, den Kindern endlich helfen zu können. Trotzdem mussten Kinderspitäler wie etwa jenes in Wien-Leopoldstadt begonnene Behandlungen mangels Serum oft für mehrere Wochen aussetzen. Und auch danach musste mit den verfügbaren Mengen sparsam umgegangen werden, und die Kinderärzte waren gezwungen, eine Art „Triage" vorzunehmen. So wurden beispielsweise im Leopoldstädter Kinderspital nur mehr „schwere bis schwerste Diphtheritisfälle" behandelt. Dennoch beklagte der Leopoldstädter Primararzt, dass auch nach mehrwöchigen Unterbrechungen und trotz des „mühevollen Herumsuchen[s] in verschiedenen Apotheken Wiens" nur zwei Kinder geimpft werden konnten. Um die Versorgung weitgehend sicherzustellen und Engpässe zu vermeiden, begann man daher auch mit der Vor-Ort-Herstellung des Serums in Krankenanstalten wie im k.k. Rudolfspital.

Allerdings starben je nach Krankheitsstadium trotz der Serumgabe immer wieder Kinder. Aus diesem Grund standen auch zahlreiche Ärzte der Antitoxintherapie vor allem in der ersten Zeit eher verhalten gegenüber, wie der Direktor der pädiatrischen Klinik in Krakau in der Therapeutischen Wochenschrift 1895 feststellte. Der Grund: Seiner Meinung nach waren Ärzte der Ansicht, dass das neue Mittel noch lange Zeit lediglich als „ein zum Experimentiren in den Laboratorien bestimmtes Product" betrachtet werden müsse. Kritik an Behrings Serumtherapie kam auch von Wiener Pädiatern, unter ihnen vom führenden Kinderarzt seiner Zeit Max Kassowitz, der sie „nicht nur als erfolglos, sondern auch als schädlich" ansah. Auch wenn die Ärzte Behrings Bemühungen, „einer [der] fürchterlichsten Krankheiten des Kindesalters entgegenzutreten", durchaus zu schätzen wussten, war ihnen auch bewusst, dass es letztlich doch „an [den] Klinikern" lag zu überprüfen, „ob seine im Laboratorium gewonnenen Resultate mit [den] klinischen Beobachtungen übereinstimmen".

Ungeachtet der verfügbaren Passivimmunisierung blieb die Bekämpfung der Diphtherie wie von Infektionskrankheiten im Allgemeinen die dringendste Herausforderung der öffentlichen Gesundheitsfürsorge. Die Ausbreitung wurde vor allem in den Städten, aber auch auf dem Land durch ungelöste prekäre sanitäre Bedingungen immer wieder begünstigt. So definierte der Chefarzt der Wiener Polizei 1902 die „Mistablagerungen als den wahren Seuchenherd" der Vorstädte. In den verarmten Vorstädten wurden in Wohnungen, wo die Diphtherie aufgetreten war, die „Tapeten abgerissen und die Mauern abgeschert", der Schutt wurde vor dem Haus gesammelt und von „Hunderte[n] von Personen sortier[t]", darunter auch von Kindern und „sogar Schulpflichtigen". Daher hieß es auch in einer Wiener Bittschrift des Jahres 1902: „Und diese Personen tragen die Krankheits- und Ansteckungsstoffe in die Orte hinein, die insbesondere, wie Donaufeld, von Arbeiterfamilien übervölkert sind. Jährlich fallen Hunderte von Personen, zumeist Kinder, epidemischen Krankheiten zum Opfer, deren Ursache nur in der Mistablagerungsstätte der Stadt Wien zu suchen ist."

Wahrlich war die Abfallentsorgung nur eines von vielen nicht oder nur unzureichend gelösten Problemen der öffentlichen Gesundheit des 19. und 20. Jahrhunderts – an deren Spitze bis zum Ende der österreichisch-ungarischen Monarchie die ungelöste soziale Frage blieb. Die Massenverelendung mit all ihren Begleiterscheinungen wie Kinder- und Säuglingssterblichkeit als Folge der kapitalistischen Ökonomie machte deren Lösung immer drängender. Tatsächlich rief das soziale Elend, wie Martina A. Wolf betont, diverse Lösungsansätze hervor, doch scheiterten die allermeisten an der Uneinigkeit darüber, was die soziale Frage denn beinhalte. Mit der Etablierung der „sozialen Medizin" als Universitätsfach in Wien glaubte man letztlich, eine gute Lösung gefunden zu haben. Die Zahlen zum Infektionsgeschehen in den Jahren bis zum Ende der Monarchie lassen nicht notwendigerweise auf ein Versagen der sozialen Medizin schließen, wohl aber auf ein Versagen von Politik, Medizin und Gesellschaft in Bezug auf das Massenelend.

Epilog: die Protagonisten des Buches

... die bahnbrechenden Institutionen

ALLGEMEINE POLIKLINIK, WIEN (1872–1998)

„Die Wiener Allgemeine Poliklinik ist eine wahre Wohlthat für die Residenz. Jahraus, jahrein strömen Kranke dieser Anstalt zu, um [...] geheilt zu werden", schreibt im Juni 1883 die Wiener Vorstadt-Presse über diese Institution, die als „vollkommen neu" galt und erst nach einigen „Schwierigkeiten" und auch nur dank der Beharrlichkeit ihrer Gründer am 2. Jänner 1872 eröffnet werden konnte. Zu den zwölf Gründungsvätern der Klinik, die nicht nur Tausende von Patienten behandelten, sondern auch in der ersten Zeit die Klinik finanzierten, zählten unter anderem Heinrich Auspitz (1835-1886) und Wilhelm Winternitz (1834-1917). Beide Ärzte und ihre Leistungen werden im vorliegenden Buch erwähnt. Allein zwischen 2. Jänner und 31. Dezember 1872 – im ersten Jahr ihres Bestehens – behandelten die Ärzte der Klinik unentgeltlich 11.962 Patienten. Dabei wurde die Poliklinik in den folgenden Jahren zur wahren Pionierin der Behandlungen: Winternitz installierte eine hydrotherapeutische Bettenstation und um die Jahrhundertwende wurden die erste urologische Ambulanz und das erste Röntgenkabinett eröffnet. Im Gegensatz zu vielen anderen Einrichtungen dieser Art versuchte die Wiener Poliklinik ein weites Spektrum an Therapiegebieten abzudecken. Dieses Bestreben schlägt sich im Namen „Allgemeine Poliklinik" nieder. Ab 1938 war die Poliklinik im Besitz der Stadt Wien, wurde als Geriatrisches Rehabilitationszentrum geführt und schließlich im Jahr 1998 für immer geschlossen.

ARMENÄRZTE (16. JAHRHUNDERT - HEUTE)

Obgleich Ärzte grundsätzlich zur Betreuung von Armen verpflichtet waren, wurden Armenärzte zu den eigentlichen Experten der Armenkrankenpflege. Sie wurden explizit mit der (sozial)-medizinischen Betreuung der Unterschichten betraut. Die in diesem Buch erwähnten Ärzte – Jakob Seitenberg und Josef Škoda – waren nur zwei der zahlreichen Armenärzte mit diesem Tätigkeitsprofil in Wien. Ab Mitte der 1890er Jahre trugen sie die Bezeichnung „Städtische Ärzte für Armenbehandlung und Totenbeschau" und verrichteten ihre Arbeit in dem jeweils zugewiesenen Bezirk, wo sie auch wohnten. So arbeiteten Ende 1910 insgesamt 99 Armenärzte im gesamten Stadtgebiet und behandelten im selben Jahr unentgeltlich 130.833 Kranke. Heute versorgen sozialmedizinische Einrichtungen wie das Neunerhaus mit ihren Gratis-Behandlungen armutsgefährdete und obdachlose Menschen in Wien.

... ausgewählte Lebensgeschichten von Ärzten

ERNST VON FEUCHTERSLEBEN (1806–1849)

Tatsächlich entsprach sein Medizinstudium so ganz und gar nicht den Vorstellungen seines Vaters, eines Staatsbeamten, der seinen Sohn ebenfalls in diesem Berufsfeld sehen wollte. Dennoch studierte und promovierte Feuchtersleben zum Doktor der Medizin (1834). Bald nach diesem ersten großen Meilenstein in Feuchterslebens Leben trafen ihn die ersten harten Schicksalsschläge: der Selbstmord des Vaters und damit einhergehend der gänzliche Vermögensverlust. Diese neue finanzielle Situation setzte seinem unbeschwerten Dichterleben ebenfalls ein jähes Ende. In der Realität eines Erwerbstätigen angekommen, litt Feuchtersleben zeitlebens unter psychischen Problemen, die heute wohl als Psychogene Reaktion oder

Neurose diagnostiziert würden. Gleichzeitig erlaubten es ihm aber eben diese hypochondrisch-neurotischen Erkrankungen, umfassende Selbstbeobachtungen anzustellen und den hypochondrischen Symptomenkomplex sowie die seelisch-körperlichen Wechselwirkungen zu erforschen. Im Alter von 43 Jahren fesselte ihn schließlich ein „unaufhaltsames körperliches Siechtum" zunächst ans Zimmer und wenig später ans Bett. Wenige Monate später starb Feuchtersleben an – wie die amtliche Todesursache verrät – einem „chronischen Unterleibsleiden".

FERDINAND VON HEBRA (1816–1880)

Hebra, geborener Schwarzmann, war ein österreichischer Dermatologe, der als Begründer der wissenschaftlichen Lehre von Hautkrankheiten gilt. Er wurde 1816 als unehelicher Sohn von Aloysia Friederike Schwarzmann (später Slawik) und Johann Hebra, einen Feldkriegskommissär, geboren. Hebra adoptierte seinen Sohn mit 24 Jahren. Der junge Hebra schloss seine philosophischen Vorstudien in Graz und sein Medizinstudium in Wien 1841 ab. Er arbeitete unter Josef von Škoda an der Abteilung für Brustkranke, zu der auch eine Station für chronische Hautausschläge gehörte. Sein Mentor sensibilisierte Hebra schließlich für diesen unbearbeiteten Bereich der Medizin. Tatsächlich lehrte die Dermatologie noch um 1840, wie zeitgenössische Mediziner beklagen, dass „das, was an der Haut als Krankheit erscheine, Blüthen sind und Knospen und Früchte, welche von dem im Körper hausenden, fremden Organismus" seien. 1845 übernahm Hebra die Leitung der neu für ihn geschaffenen Abteilung für Hautkrankheiten, wurde drei Jahre später Primarius und 1849 außerordentlicher Professor und Vorstand der ersten dermatologischen Klinik am Wiener Allgemeinen Krankenhaus und in Österreich überhaupt. Durch eine penible Beobachtung und Bewertung von Hauterkrankungen, ihrer Merkmale und ihres Verlaufs schuf er die Grundlage der Differentialdiagnose dermatologischer Indikationen. So konnte er unter anderem die ätiologische Bedeutung des Parasiten für Krätze nachweisen sowie das Erythema exsudativum und den Prurigo beschreiben. Er war mit Johanna (geborene von Huze) verheiratet und Vater von sieben Kindern, sein Sohn Hanns wurde ebenfalls Dermatologe. Auch sein Sohn Victor war Arzt, Raphael arbeitete als Ökonom. Einen Sohn verlor Hebra 1866 in der Schlacht bei Königgrätz in Böhmen. Der Pionier der Dermatologie in Österreich starb im Hochsommer 1880 in seiner Wohnung in der Mariannengasse 10 in Wien an einem „Lungenleiden, zu dem sich später eine Herzverfettung gesellte". Die letzten Stunden des Gelehrten, schreibt die Morgenpost in ihrem Nachruf, „waren ungemein qualvoll".

MAX KASSOWITZ (1842–1913)

Kassowitz war ein Wunderkind: Er schloss das Gymnasium bereits als 16-Jähriger mit Auszeichnung ab und erhielt nur fünf Jahr später den Doktorgrad der Universität Wien (1863). Unter seinen Lehrern waren Carl von Rokitansky und Josef von Škoda. Während des Studiums arbeitete Kassowitz als Stenograf für Anton von Schmerling (österreichischer Regierungschef von 1860 bis 1865), nach dem Abschluss wirkte er sechs Jahre lang in verschiedenen Abteilungen des Allgemeinen Krankenhauses in Wien, bis er schließlich 1881 die Leitung des ersten öffentlichen Kinderkrankeninstituts in Wien übernahm. Unter seiner Leitung entwickelte sich die Klinik in eine Poliklinik mit Interner Medizin, Chirurgie, Dermatologie, Neurologie und Ophthalmologie – in allen arbeiteten junge Freiwillige und unbezahlte Ärzte. Kassowitz' Arbeiten betrafen einerseits die Therapie von Rachitis bei Kindern und andererseits die Vererbung der Syphilis. Bahnbrechend waren aber auch seine Untersuchungen zum Mongolismus und Myxödem – heute sind viele seiner Theorien allerdings überholt. Er heiratete 1875 Emilie, die er zehn Jahre zuvor kennengelernt hatte, als er ihre zervikale Adenitis behandelt hatte, und mit der er später auch zusammenarbeitete. Das Paar hatte drei Töchter und zwei Söhne. Der Pädiater war für seine „ausgezeichnete Gesundheit" bekannt, war „Tourist und Radfahrer". Im Frühling des Jahres 1913 erkrankte er an einem „influenzartigen Bronchialkatarrh, der zur Lungenentzündung" führte, der er wenige Wochen später in seiner Villa auf der Hohen Warte in Wien erlag. In einem Nachruf in der Tageszeitung Die Presse steht zu lesen: „Als echter Philosoph schied er ohne Klage, mit heiteren Worten aus dem Leben." Kassowitz' ältester Sohn Karl war zu diesem Zeitpunkt Assistent an der Universitätskinderklinik von Clemens Peter Freiherr von Pirquet. Im Ersten Weltkrieg war Karl als Frontarzt im Einsatz und beschrieb den Krieg später als „ungeheures physiologisches Serienexperiment". Über seine Erfahrungen sprach Karl auch öffentlich in Vorträgen wie 1915 über seine Flucht aus der sibirischen Gefangenschaft im Großen Konzerthaussaal in Wien. Kassowitz' älteste Tochter Julie engagierte sich wie ihr Vater in der Antialkoholbewegung und gründete 1902 den „Verein abstinenter Frauen". Julie gab später diverse Sammlungen der Arbeiten ihres Vaters Max Kassowitz heraus.

GABRIELE POSSANNER-EHRENTHAL (1860–1940)

Possanner-Ehrenthal ist die erste österreichische Medizinerin. Ihre ersten 20 Lebensjahre verbrachte sie in sechs verschiedenen Städten, weil ihr Vater als beamteter Jurist an wechselnden Dienstorten eingesetzt wurde. 1880 zog die Familie nach Wien, wo sie zunächst die Lehrinnenbildungsanstalt absolvierte und ab 1885 als Volksschullehrerin wirkte. Als zweite Frau überhaupt legte sie 1887 am Akademischen Gymnasium die Externistenmatura ab. Nachdem es in Österreich keine Möglichkeit für Frauen gab, Medizin zu studieren, übersiedelte Possanner-Ehrenthal nach Zürich, ein Semester später nach Genf – vor Beginn des Studiums legte sie abermals eine Reifeprüfung ab, da die österreichische von den Schweizer Hochschulen nicht anerkannt wurde. 1893 wurde sie mit einem Thema der Augenheilkunde zur Doktorin für Medizin promoviert. Um die Nostrifizierung des Schweizer Studiums in Österreich zu erlangen, musste sie alle Prüfungen abermals ablegen und promivierte schließlich auch in Österreich 1897 zur Doktorin und eröffnete bereits im Mai desselben Jahres ihre Praxis in der Günthergasse 2 im neunten Bezirk in Wien. Während des Ersten Weltkriegs arbeitete sie als Ärztin in Spitälern und Lazaretten und verlegte ihre Praxis in die Alser Straße. 1928 wurde ihre der Berufstitel Medizinalrat verliehen. Possanner-Ehrenthal lebte mit ihren Schwestern Camilla und Emma bis zu ihrem Tod 1940 in der Wohnung neben ihrer Praxis in der Alser Straße. Als das Haus 1944 bei einem Bombenangriff zerstört wurde, starb dort ihre Schwester Emma.

FRANZ VON OTTENTHAL (1818–1899)

Ottenthal war Landarzt in Sand in Taufers (heute Südtirol) und zwischen 1861 und 1883 als Abgeordneter im Tiroler Landtag tätig. Er nahm sein Medizinstudium 1837 in Wien auf, wo er unter anderem von Carl von Rokitansky, Joseph Škoda oder Ignaz Philipp Semmelweis lernte. Zwei Jahre lange arbeitete er im heutigen Matrei in Osttirol als Gerichts- und Gemeindearzt. Ab 1847 praktizierte er mehr als ein halbes Jahrhundert bis 1899 als Landarzt in Sand in Taufers. Ottenthal heiratete 1852 Katharina von Preu zu Lusenegg und Koburg. Das Paar hatte zehn Kinder; darunter den Historiker und Diplomaten Emil. Privat wurde Ottenthal nicht von Schicksalsschlägen verschont und hatte den Verlust von drei Kindern zu beklagen: Die Zwillinge Franziska und Emanuel starben im Alter von sechs Monaten an Keuchhusten. Rund zehn Jahre später erlag die jüngste Tochter Klementina einer „Magenerweichung". Ihr Vater hatte bereits drei Monate vor ihrem Tode eine „allgemeine Schleimhautentzündung" bei der Vierjährigen festgestellt. Nach und nach zog sich Ottenthal ab den 1880er Jahren aus seinen Ämtern zurück: Er legte seine Funktion als Landtagsabgeordneter, Sachverständiger in Sanitätssachen und provisorischer Gemeindearzt nach dem Tod des Stelleninhabers nieder. Zu Beginn 1899 beendete der 80-Jährige auch seine privatärztliche Tätigkeit. Dieses Rücktrittsschreiben an die Ärztekammer und Obersten Sanitätsrat ist mit 19. Jänner datiert; zehn Tage später starb Ottenthal an einer „Herzlähmung" – zu diesem Zeitpunkt war er noch offiziell im Dienst als praktischer Arzt in Sand in Taufers und hatte am Vortag seines Todes sogar noch zwei Patienten behandelt. In diesem Sinne bemerkt schließlich seine Biografin, dass Ottenthal zwar „keine berühmte Arztpersönlichkeit" gewesen ist, dennoch stellte er „einen modernen, politisch engagierten, selbstbewussten Arzt dar".

ANTON POGAČNIK (1829–1900)

Pogačnik wuchs in ärmlichen Verhältnissen in Kärnten auf. Geboren als Sohn eines Zimmermeisters in Eberndorf besuchte er als „recht dürftiger, aber gewiss sehr fleißiger Student", wie es in der Klagenfurter Zeitung heißt, das Gymnasium in St. Paul, später das Obergymnasium in Klagenfurt. Das nachfolgende Studium der Medizin in Wien in der Josef's Academie absolvierte er als letzter Zögling, der dort aufgenommen wurde. Nach Abschluss des Medizinstudiums diente er knapp zwei Jahre als Oberfeldarzt. In dieser Zeit zog er sich die „Brustkrankheit" (Tuberkulose) zu, „von der er wenig Hoffnung hatte, geheilt zu werden". Doch Pogačnik schaffte es, die Tuberkulose bei sich selbst auszukurieren und verschrieb sich danach völlig dieser Erkrankung. Nachdem er aus dem Militärdienst ausgeschieden war, eröffnete er seine Praxis in Görz (Küstenland), später wirkte er in Pöchlarn (Niederösterreich) und praktizierte ab 1868 am Kohlmarkt 16 im ersten Bezirk in Wien, lediglich einen Steinwurf von der Wiener Hofburg entfernt, als „Spezialist für Brustkranke". Er publizierte umfangreich zur Tuberkulose, unter anderem auch das in den Kronländern geschätzte Werk *Die Tuberkulose in Wien* (1882), und führte das Katarrh-Pulver in der Behandlung der Tuberkulose ein. Pogačniks Ruf eilte ihm voraus: So war eine seiner Patientinnen Erzherzogin Annunziata und 1880 heilte er einen ungarischen Magnaten von seinem Lungenabszess. Ab 1895 ließ sich Pogačnik bereits schwer krank wieder in Görz nieder, wo er im Alter von 71 Jahren im Dezember 1900 starb.

FRIEDRICH PRESL (1842–1906)

Der spätere kaiserliche Rat und Oberbezirksarzt Friedrich Presl wurde 1842 in Prag geboren, studierte in seiner Geburtsstadt auch Medizin. Danach war er kurze Zeit als Gemeindearzt in Manětín, nordöstlich von Pilsen, tätig und trat 1876 als Bezirksarzt in den Staatsdienst ein. Bereits 1882 folgten die Einberufung ins Sanitätsdepartement des Ministeriums des Inneren und 1896 die Ernennung zum Oberbezirksarzt. Sein Wirkungsbereich war die 9.000 Einwohner umfassende Gemeinde Jičín nordöstlich von Prag. Presl befasste sich passioniert mit Statistiken, die er hauptsächlich in der Statistischen Monatsschrift publizierte, darunter Studien zum Findelwesen in Österreich während der Jahre 1873 bis 1882 oder zur weiblichen Bevölkerung in Österreich und deren Fruchtbarkeitsziffer. Presl wurde mit dem Ritterkreuz des Franz-Josef-Ordens (1891) ausgezeichnet; 1900 wurde ihm der Titel eines kaiserlichen Rates verliehen. Er starb mit 63 Jahren im Jänner 1906 in Jičín.

JAKOB SEITENBERG (1814–1887)

Als „Patron der Chirurgie und Geburtshilfe" bezeichneten Zeitgenossen den Wiener Gemeinde- und Armenarzt Jakob Seitenberg. Seine Praxis führte er in der Hauptstraße 130 in Ottakring, dem Bezirk, zu dessen Ehrenbürger er 1881 aufgrund seiner Verdienste für den Bezirk ernannt wurde. Neben seiner ärztlichen Tätigkeit machte sich Seitenberg auch als Ottakringer Gemeinderat einen Namen. Bereits zu seinen Lebzeiten wurde 1872 eine Straße nach ihm benannt, die auch heute noch seinen Namen trägt. Knapp ein Jahr vor seinem Tod wurde er zum „Kurator" seines Sohnes Karl, der ebenfalls als praktischer Arzt arbeitete. Karl wurde Zeitungsberichten zufolge „wegen Blödsinnes" vom Wiener Landesgericht unter Kuratel gestellt. Seitenberg starb Mitte Dezember 1887 nach längerer Krankheit im Alter von 73 Jahren.

IGNAZ PHILIPP SEMMELWEIS (1818–1865)

Heute wird Ignaz Philipp Semmelweis als Vater der Antisepsis oder Retter der Mütter gefeiert – im 19. Jahrhundert wurde er im besten Falle ignoriert, im schlimmsten verhöhnt. Der Grund: seine Entdeckung zum Übertragungsweg des Kindbettfiebers. Geboren 1818 als Kaufmannsohn in Ofen bei Buda, studierte er zunächst Philosophie und ab 1837 Medizin in Wien. 1844 folgten die Promotion und seine Tätigkeit im Institut für Pathologische Anatomie im Allgemeinen Krankenhaus. Zwei Jahre später wurde er Assistenzarzt in der geburtshilflichen Abteilung, wo zu diesem Zeitpunkt die Mortalitätsrate der Wöchnerinnen bei 15 Prozent lag. Den Grund dafür fand Semmelweis nach endlosen Studien und Analysen 1847. Seine Entdeckung, wonach Übertragungsweges des Kindbettfiebers auf verunreinigte Hände der Ärzte zurückzuführen ist, und die vorgeschlagene Präventionsmaßahme der Handreinigung mit Chlorkalklösung stießen auf Ablehnung und Anfeindung. Auch seine Schlussfolgerung, wonach der Übertragungsweg des Kindbettfiebers mit jenen des Wundfiebers identisch war, wurde belächelt. Die Anfeindungen, die folgten, führten dazu, dass Semmelweis seine Stelle an der Frauenklinik aufgab und nach Pest ging, wo er eine Anstellung als Professor an der Universität Professor für Geburtshilfe fand. Das Mobbing setzte ihm zu: Er hatte immer stärker mit psychischen Problemen zu kämpfen und wurde in die Anstalt für Geisteskranke in Wien eingewiesen. Dort starb er 47-jährig im Jahr 1865 an einer Blutvergiftung als Folge einer Verletzung, die er sich im Kampf mit dem Anstaltspersonal zugezogen hatte. Posthum folgte eine der größten Würdigungen: Joseph Lister bekräftigte die Rolle Semmelweis‘ in der Entdeckung der Antisepsis.

... die Geschichte eines Patienten, die bekannt ist

DIE (NACH)GESCHICHTE DES JOSEF K. (1867-1915)

Josef K. teilte sich mit Tausenden von Kindern im 19. Jahrhundert das schwere Los, ein lediges Kind zu sein. Seine Mutter war eine Magd, die ihren Sohn im Oktober 1867 in Glödnitz zur Welt brachte – nicht allein auf der Gasse, doch aber allein in einem Bett in ihrer armseligen Kammer. Ob und wie lange Josef die Schule besuchte, ist nicht bekannt. Bekannt ist, dass er als 27-Jähriger, 1894, nach Arnoldstein kam, um beim Bau der Stahlfachwerkbrücke über die Gail bei Arnoldstein zu helfen, die 1895 fertiggestellt wurde. Dort lernte er Rosalia kennen, die beiden heirateten. Das Paar bekam sechs Kinder – vier Töchter und zwei Söhne. Nachdem der Bau der Bahnhofsbrücke abgeschlossen war, fand Josef eine Anstellung als Maschinenwärter in den 1882 in Arnoldstein-Gailitz eröffneten Betrieben der Bleiberger Bergwerksunion. Er und seine Familie wohnten in den kargen Arbeiterunterkünften in der Nähe des Industriegeländes. Die älteste Tochter, die 1898 geboren wurde, musste die Schule mit 14 Jahren verlassen, damit sie die Familie mit dem Gehalt, das sie als Schrotkugeldreherin im örtlichen Schrotturm verdiente, unterstützen konnte. Trotz des Verdienstes von Josef und seiner Tochter waren Not und Hunger ständige Begleiter der Familie. Das ging mehr oder weniger allen Fabriksarbeiterfamilien in Gailitz in dieser Zeit so. Um diese zahlreichen Arbeiter zu ernähren, war es daher schon lange vor Ausbruch des Ersten Weltkrieges notwendig, Getreide von außerhalb einzuführen. Im Krieg wurden die aus Kartoffelmehl hergestellten Kriegssemmeln verteilt. Doch auch sie konnten bereits in Josefs Sterbejahr, 1915, nicht mehr produziert werden. Es folgte die Rationierung von Mehl, das von der Ernährungszentrale für das Land Kärnten geliefert wurde: 300 Gramm für „schwere“ und 250 Gramm für „nicht schwere“ Arbeit.

Die Armut von Josefs Familie verschärfte sich nach seinem tragischen Tod am 14. Feber 1915 immer mehr – sie wurde zu sogenannten Gemeindearmen. Sie galten also von Gesetzes wegen als „nicht im Stande, [sich] durch eigene Kraft oder Mittel den unentbehrlichen Lebensunterhalt zu verschaffen". Die Gemeinde übernahm daher teilweise die Versorgung der Familie mit Nahrungsmitteln und Kleidung und stellte die kostenlose Krankenpflege durch den Gemeindearmenarzt sicher. Zudem hatte Josefs Familie Anspruch auf eine kleine Wohnung. Die Gemeinde hatte außerdem auch die Erziehung der Kinder im Auge und kümmerte sich um die Versorgung der Kinder mit Schulutensilien. Johann, Josefs jüngerer Sohn, erzählte Jahrzehnte später, wie etwa die Zuteilung von Bleistiften ablief: „Wir mussten uns stundenlang am Gemeindeamt für neue Bleistifte anstellen, bevor wir die neuen bekamen, mussten wir die heruntergeschriebenen alten vorzeigen, damit der Beamte sah, dass wir damit wirklich nicht mehr schreiben konnten. Meine Schwestern und ich teilten uns die zwei Bleistifte, die wir dann endlich bekommen haben." Penibel wurde darauf geachtet, dass der Bleistift nicht sinnlos verwendet wurde, kein Strich zu viel durfte gezogen werden, um die Mine ja nicht zu schnell zu verbrauchen.

Ein Jahr nach Josefs Tod starb auch sein älterer Sohn Gottfried, der beim Spielen eine Handgranate gefunden hatte, die in seiner Hand explodierte. Sein Bruder – der sechsjährige Johann – wachte am Totenbett des Älteren. Dieser Johann war ein weiteres Jahr später, am 4. Juni 1917, – an seinem achten Geburtstag – auch einer jener Schüler, die Spalier für Kaiser Karl und Kaiserin Zita in Pöckau (einem Ort vor Arnoldstein) standen, als das Kaiserpaar auf dem Weg zur Isonzofront in dem kleinen Ort haltmachte. Der Grund für den allerhöchsten Besuch war allerdings wenig erfreulich: Im Mai brach regionalen Zeitungen zufolge „um 8 Uhr abends [ein Feuer aus], das von starkem Westwind begünstigt, erschreckend rasch um sich griff". 29 Häuser wurden niedergebrannt. Karl und Zita besuchten die Brandstätten und überreichten den betroffenen Familien eine Geldspende in der Höhe von 5.000 Kronen. Davon erzählte Johann später häufig. Dieser Tag scheint eines der wenigen erfreulichen Erlebnisse seiner Kindheit gewesen zu sein. „Die Dirndln (Anm.: Mädchen) hatten weiße Kleider an, wir Buben haben Anzug getragen. Die Dirndln haben auch Blumensträuße gehabt für die Kaiserin. Wir sind alle zusammen – also die Kaiserin und die Soldaten und wir – durch Pöckau gegangen und haben uns die Häuser angesehen, die niedergebrannt waren." Nach der Grundschule absolvierte er den Lehrberuf eines Eisengießers in jener Fabrik, in der sein Vater Jahre zuvor tödlich verunglückt war, heiratete und wurde Vater von vier Kindern – zwei Töchtern und zwei Söhnen. Johann diente im Zweiten Weltkrieg, kam in Kriegsgefangenschaft und starb 1991 an seinem 82. Geburtstag – in seiner Brieftasche hatte er immer noch eine Fotografie seines Vaters im Alter von 45 Jahren: Der Mann scheint sich extra für den Fotografen zurecht gemacht zu haben, trägt den landestypischen Hut, einen Anzug mit Krawatte und hat einen frisch gestutzten Schnauzbart. Er blickt mit einem leichten Lächeln in die Kamera. Das Bild ist mit 1913 datiert, zwei Jahre vor dem tödlichen Unfall. Das zweite Foto in Johanns Brieftasche zeigte seine Mutter – im Gegensatz zum ewig 45-jährigen Vater als alte, über 70-jährige Frau mit abgearbeitetem Gesicht, dessen zahlreiche Falten vom entbehrungsreichen Leben zu erzählen scheinen. Sie wurde nicht extra zurechtgemacht, trägt das Kopftuch im Stil der Bäuerinnen nach hinten gebunden. Rosalia lächelt auch nicht, sondern blickt müde und ernst in die Kamera. Johann hatte acht Enkelkinder, Josef K.s Urenkelkinder – nur zwei kennen Josefs Geschichte ...

... und die mutmaßliche Geschichte der Marie Kasai und der Katharina Tmka (1840–?)

Marie Kasais und Katharina Tmkas Geschichten aus dem dritten Kapitel ließen sich nicht rekonstruieren. Überliefert ist lediglich, dass Katharina im Alter von 22 Jahren auf der Gasse in Simmering mit einem Sohn niederkam, Marie, deren Alter wir nicht kennen, brachte in Meidling ebenfalls „auf der Gasse" ein Mädchen zur Welt. Beide Geburten – das ist die eine Ähnlichkeit zwischen den beiden jungen Frauen – fanden im Hochsommer

1862 in der Nacht statt. Die andere Ähnlichkeit: Beide waren als Dienstbotinnen tätig, die eine als Magd in Simmering, die andere als Tagelöhnerin bei einer Wäscherin in Untermeidling. Und das Dienstbotinnenleben im 19. Jahrhundert war hart. Es ist wohl anzunehmen, dass Marie nach ihrem Aufenthalt im Gebärhaus ohne ihre Tochter, die am 30. Juli 1862 geboren wurde, wieder zu ihrer Arbeitsstätte, der Wäscherei von Katharina Senitscher in Untermeidling Nr. 59, zurückkehrte. Dort nahm sie ihre Arbeit wieder jeden Morgen um 5 Uhr auf, kümmerte sich mal ums Kochen der Seifen, mal ums Laugenwaschen und mal ums Schwemmen. Täglich sortierten Marie und ihre Dienstherrin die stinkenden Wäscheberge, erhitzten die Lauge im Sechtkessel und leerten sie mit einem Schöpfer über die schmutzigen Kleidungsstücke, ließen die Lauge setzen und schöpfen sie wieder ab und gossen sie abermals über die Wäsche. Manchmal mussten sie diesen Vorgang bis zu 25-mal wiederholen, bis die Wäsche rein war. Danach reinigten die beiden die Wäsche mechanisch, indem sie die Stücke mit Füßen traten, mit Prackern schlugen und über ein Waschbrett rieben. Am Ende schleppten sie die Wäsche zum Fluss, wo sie sie unter enormem Kraftaufwand schwemmten. War das im Frühling, Herbst und Sommer schon kräfteraubend, mussten sie im Winter zunächst Löcher ins Eis der Flüsse schlagen, um überhaupt mit dem Spülen der Wäsche beginnen zu können. Maries Hände waren ausgewaschen, gelbgebleicht und im Winter starr vor Kälte. Nur mit vereinten Kräften schafften die beiden es, die Wäschestücke auszuwringen. Zum Glätten verwendete Marie das Mangelbrett oder griff auf das Bügeleisen zurück, nicht selten verbrannte sie sich an dem glühend heißen Gerät. Vielleicht durfte Marie am Ende die gereinigte Wäsche sogar ihren Besitzern nach Hause liefern, bevor sich der Ablauf des Wäschewaschens wiederholte – zumindest 350 Tage im Jahr.

Katharinas Schwangerschaft veranlasste ihren Dienstherrn offenbar nicht, sie zu entlassen. Das ist das Positive, das sich aus den Bruchstücken ihrer überlieferten Geschichte herauslesen lässt. In der Regel wurden Dienstverträge von schwangeren Mägden nämlich aufgrund ihrer immer stärker eingeschränkten Arbeitsleistung und aufgrund des Misskredits, in den sie ihren Herrn damit gebracht hatten, aufgelöst. Wir können also davon ausgehen, dass Katharina, nachdem sie spätestens am 4. Juli 1862 die Gebärklinik wieder verlassen hatte, ins Bauernhaus in Simmering zurückkehrte. Ihren Sohn, der drei Tage zuvor, am 1. Juli 1862, mit einer Missbildung zur Welt gekommen, war, hatte sie mit ziemlicher Sicherheit dem Findelhaus übergeben. Wieder zurück auf dem Bauernhof musste die Wöchnerin sofort wieder ihre Arbeiten im Stall, auf dem Feld und im Haus verrichten, immerhin hatte sie sich mit ihrem Diensteintritt verpflichtet, alle Aufgaben „immer pünktlich und unverdrossen zu leisten“ – wie es die Dienstbotenordnung eben vorsah. Und sie erledigte alle Arbeiten in diesem Sinne, denn sie wusste, dass Ungehorsam schlimme Folgen haben konnte, schließlich hatte sie erfahren, dass sie dafür angezeigt und sogar mit Arrest bestraft werden könnte. So arbeitete sie von Sonnenauf- bis Sonnenuntergang, ihre Pausen waren gleichzeitig die kargen Mahlzeiten. Am Feierabend saßen sie und die anderen Mädge und Knechte zusammen, dabei strickte sie oder besserte ihre Wäsche aus. Auch an den Sonn- und Feiertagen musste Katharina das Vieh versorgen, kochen und Küche und Stube reinigen. Auch wenn Katharina später geheiratet haben sollte, blieb sie mit hoher Wahrscheinlichkeit zeitlebens im Gesindedienst.

Nahtlos ging das Leben von Katharina und Marie nach der Geburt und Abgabe ihrer Kinder weiter, so als wäre nichts Besonderes passiert. Wir wissen nichts über die Väter ihrer Kinder. Möglich, dass der Dienstherr der Vater war, möglich aber auch, dass eine Liebschaft mit einem anderen Dienstboten zur Schwangerschaft geführt hatte. Ebenso wenig ließen sich die Geschichten des behinderten Sohnes von Katharina und Maries Tochter rekonstruieren. Ihre Biografie als Findelkinder zeichnete im Grunde aber ihren Weg vor: keine oder kaum Schulbildung, keine soziale Aufstiegsmöglichkeit, Fabriksarbeiter oder Dienstbotin. Katharinas Sohn, der mit jeweils sechs Fingern und Zehen pro Hand und Fuß zur Welt gekommen war, hatte aufgrund seiner körperlichen Missbildung noch eingeschränktere Möglichkeiten –beruflich, sozial und privat.

Nachwort

Die Dichotomie von Armut und Fortschritt prägte das lange 19. Jahrhundert. So wurde einerseits die Medizin naturwissenschaftlich, wodurch auch Diagnostik und Therapie vieler Krankheiten erleichtert wurden. Auch der Arztberuf unterlag einem massiven Wandel weg vom vormodernen Bildungsberuf hin zur modernen bürgerlichen Profession einerseits, andererseits litt das ärztliche Selbstverständnis durch die Kluft zwischen materiell-persönlichem Einsatz und gesellschaftlichem Ansehen – vor allem, aber nicht nur der Armenärzte. Andererseits führten aber auch Industrialisierung und Ökonomisierung zur Massenverelendung der Arbeiter sowie Abwanderung und Ernteausfälle zur Verarmung der Bauern. Armut und Verelendung zogen Mangel- und Infektionserkrankungen bei Bauern und Arbeitern nach sich. Diese Erkrankungen sind Teil einer wohl am treffendsten als Armenmedizin bezeichneten Medizin, deren typisches Merkmal ihre Verortung in den Lebenswelten der Bauern und Arbeiter war. So wurde in vorliegendem Buch der

Versuch unternommen, die spezifischen Bewältigungsstrategien vonseiten der Medizin, Verwaltung und Politik, aber auch vonseiten der Patienten selbst anhand der typischen Armenkrankheiten wie Typhus, Diphtheritis oder Pellagra darzustellen. Dafür wurden die Protagonisten in den Fokus gerückt: die Armenärzte, die Bauerndoktoren, die erkrankten Bauern und Arbeiter. Der unbestrittene Vorteil dieses Identifikationsansatzes ist es, dass durch das Wegrücken vom abstrakten Kollektiv und das Hinwenden zum konkreten Individuum Begriffe wie Massenverelendung in ihrer Gesamtheit eher begriffen werden können. Dank dieses Ansatzes werden folglich die individuellen Leistungen der Armenmediziner durch Darstellung ihres Wirkens auf der Mikroebene und somit ihr Beitrag zum Gesamtkonzept „Armenmedizin" sichtbar. Was dabei aber vor allem nachvollziehbar wird, ist der ungleiche Kampf zwischen Armenmedizinern und Armut, wodurch die in diesem Zusammenhang formulierte inverse David-Goliath-Kampf-These ihre (traurige) Bestätigung finden konnte.

Literatur

Angetter, Daniela et al., *Strukturen und Netzwerke: Medizin und Wissenschaft in Wien 1848–1955* (Wien, 2018)

Ausserer, Oskar, *Volksmedizin in Tirol* (EU-Interreg-Projekt, 2001)

Brändle, Fabian, ‚Die alten Zeiten aufgefrischt. Zum Selbstzeugnis des Ladinischen Bauernsohnes, Kutschers, Soldaten und Hotelportiers Anton Molling (1901–1987)', *GR/SR* 20 (2012), S. 127–139

Buch, Johanna, *Bauernalltag an der Schnittstelle dreier Kulturen. Das Leben der Familien Gallob und Mertel im Alpen-Adria-Raum im 19. und 20. Jahrhundert* (Unveröffentlichte Diplomarbeit, Universität Wien, 2012)

Dietrich-Daum, Elisabeth, ‚Die Klage der Ärzte. Marktprobleme und Professionalisierung in der zweiten Hälfte des 19. Jahrhunderts in Österreich', *bricolage: Medikale Kulturen* 5 (2008), S. 201–221

Dinges, Martin, ‚Forschungen zu Arztpraxen (1500–1900)', *Genserus* 65 (2008), S. 249–269

Fischer, Isidor, *Geschichte der Geburtshilfe in Wien* (Wien, 1909)

Flamm, Heinz, ‚Die Pellagra – vor 250 Jahren im Kaisertum Österreich erstmals beschreiben, wurde sie zu einer lebensbedrohenden Endemie in einigen Provinzen', *Wiener Klinische Wochenschrift*, 133 (2021), S. 1–21

Feuchtersleben, Ernst Freiherr von, *Die Gewißheit und Würde der Heilkunst* (Wien, 1839)

Hansch-Mock, Barbara C., ‚Quacksalber und Kurpfuscher in den deutschschweizerischen Kalendern des 19. Jahrhunderts', *Generus: Swiss Journal of the history of medicine and science* 33 (1976), S. 127–135

Hilber, Marina, ‚Weibliche Beschwerdeführung in der Causa Kleinwächter – ein Beitrag zur Patientinnengeschichte des Innsbrucker Gebärhauses', *Historia Hospitalium. Jahrbuch der Deutschen Gesellschaft für Krankenhausgeschichte* 29 (2016), S. 68–96

Hilber, Marina, *Institutionalisierte Geburt: eine Mikrogeschichte des Gebärhauses* (Bielefeld, 2012)

Hilber, Marina, ‚Geburtsgeschichte(n) – Einblicke in geburtshilfliche (Ausbildungs)Räume um 1830', *Virus* 8 (2009), S. 85–94

Huerkamp, Claudia, ‚Der Aufstieg der Ärzte im 19. Jahrhundert. Vom gelehrten Stand zum professionellen Experten: das Beispiel Preußens', *Kritische Studien zur Geschichtswissenschaft* 68 (1985)

Innhauser, Franz; Nusser, Eduard, *Jahresbericht des Wiener Stadtfysikates* (Wien, 1847–1893)

Kramer, Diether, *Der Wandel der Mortalität. Der epidemiologische Übergang in der Steiermark – regionale Entwicklungen 1869 bis 1937* (Unveröffentlichte Dissertation, Universität Graz, 2013)

Kafka, Franz, *Ein Landarzt*: kleine Erzählungen (München, 1919)

Kusy, Emanuel, *Sanitätsbericht des k.k. Landessanitätsrates für Mähren* (Brünn, 1880–1900)

Lesky, Erna, *Die Wiener Medizinische Schule im 19. Jahrhundert* (Graz, Köln, 1965)

M., D, *Das Angebinde an die Rossauer Armen-Doktor an ihre Wohlthätigkeit* (Wien, 1848)

Memmer, Michael, ‚Die Entwicklung der ärztlichen Standesgerichtsbarkeit unter besonderer Berücksichtigung der Wiener Verhältnisse', *BRGÖ* (2016), S. 480–515

Müller, Leo, ‚Die Typhusepidemie des Jahres 1869 im Kreise Lötzen', *Vierteljahresschrift für die praktische Heilkunde*, 2. Hauptteil (1870), S. 7–11

Neuburger, Max, *Die Entwicklung der Medizin in Österreich* (Wien, 1918)

Neumann Spallart von, Josef, *An die Fabriks-, Gewerbs- und Handwerksgesellen und Arbeiter Wiens* (Wien, 1848)

N.N., *Jahresbericht der unter dem Protektorate Seiner k. und k. Hoheit des durchlauchtigsten Herren Erzherzog Friedrich stehenden Allgemeinen Poliklinik in Wien* (Wien, 1873)

N.N., *Die Poliklinik und das Ambulatorium in Wien: kritisch beleuchtet vom ärztlichen Vereine der westlichen Bezirke Wiens* (Wien, 1876)

N.N., ‚Relazione del sub-comitato speciale per i provvedimenti contro la crisi vinicola', *Supplemento dell'Istria Agricola del 15 Giugno 1908* 14 (1908)

Pammer, Michael, ‚Die Diphtherie in den im Reichsrat vertretenen Königreichen und Ländern in den Jahren 1880 bis 1912', *GR/SR* 14 (2005), S. 70–89

Pogačnik, Anton, Über die Tuberkulosis oder Schwindsucht (Novo Mesto, 1898)

Paterno, Francesco, *Principali doti e doveri del medico di campagna* (Padova, 1838)

Pawlowsky, Verena, ‚Das Aussetzen überlästiger und nachtheiliger Kinder. Die Wiener Findelanstalt 1784–1910', ÖZG 25 (2014), S. 18–40

Pawlowsky, Verena, ‚Ledige Mütter als geburtshilfliches Material', *Comparativ* 5 (1993), S. 33-52

Peck, Burghard, *Erbauungsbuch für Kranke und Sterbende und jene, welche Kranken und Sterbenden beistehen* (Wien, 1827)

Philippovich, Eugen von, *Wiener Wohnungsverhältnisse* (Berlin, 1894)

Presl, Friedrich, *Die Prophylaxis der übertragbaren Infectionskrankheiten: ein Handbuch für Ärzte* (Wien, 1881)

Prevedel, Walter Erich, D*ie Hausmittel- und Heilrezeptsammlung des Tiroler Bauerndoktors Anton Auer im Vergleich mit der Encyklopädie der Volksmedicin des Arztes Georg Friedrich Most* (Unveröffentlichte Dissertation, Universität Wien, 2011)

Prir, J., *Verwaltungsbericht der Reichshaupt- und Residenzstadt Wien* (Wien, 1888)

R. H., *Heimliche Sachen im Findelhause und im Gebärhause von den groben Krankenwärterinnen dann die spitzbübischen Bedienten* (Wien, 1848)

Schlesinger-Eckstein, Therese, ‚Wöchnerinnenschutz in Wien', *Dokumente der Frauen* 6 (1901), S. 24–27

Schneider, Karl, *Die Geschichte der Gemeinde Ottakring* (Wien, 1892)

Schwiedland, Eugen, *Kleingewerbe und Hausindustrie in Österreich: Beiträge zur Kenntnis ihrer Entwicklung und ihrer Existenzbedingungen* (Leipzig, 1894)

Semmelweis, Ignaz Philipp, *Die Aetiologie, der Begriff und die Prophylaxis des Kindbettfiebers* (Pest, 1861)

Seebauer, Renate, *Kein Jahrhundert des Kindes: Kinderarbeit im Spannungsfeld von Schul- und Sozialgesetzgebung* (Wien, 2010)

Spree, Reinhard, ‚Anspruch und Wirklichkeit der Krankenhausbehandlung im 19. Jahrhundert', *Medizin, Gesellschaft und Geschichte. Jahrbuch des Instituts für Geschichte der Medizin der Robert-Bosch-Stiftung* 19 (2000), S. 143–151

Steiner, Günther, ‚Die Sozialversicherung in Österreich von den Anfängen bis zum Ende der Monarchie', *Soziale Sicherheit* 4 (2019), S. 158–172

Taddei, Elena, *Franz von Ottenthal (1818–1899). Arzt und Tiroler Landtagsabgeordneter* (Wien, 2010)

Tatra, Gerhart, *Der Wandel der sozialpolitischen Rolle der Wiener Ärzte 1848–1914* (Unveröffentlichte Dissertation, Universität Wien, 2010)

Unterkircher, Alois, ‚Jungen und Männer als Patienten bei einem Südtiroler Landarzt (1860–1900)', Medizin, Gesellschaft und Geschichte. Jahrbuch des Instituts für Geschichte der Medizin der Robert Bosch Stiftung, 51 (2014), S. 1–392

Weigl, Andreas, ‚Die demographische Entwicklung. Bevölkerungswachstum und Bevölkerungsverlagerung im Zeichen der Industrialisierung', *Niederösterreich im 19. Jahrhundert* (St. Pölten, 2021)

Willfort, Moritz, *Bittschrift der Donaugemeinden bei Wien* (Wien, 1902)

Wolf, Maria A., ‚Das gesunde Arbeiterkind als ein Projekt der sozialen Medizin. Zur wissenschaftlichen Neuordnung der Kindheit durch Medikalisierung der Sozialen Frage zu Beginn des 20. Jahrhunderts', *VIRUS. Beiträge zur Sozialgeschichte der Medizin* 17 (2020), S. 13–28

Würzel, Max, ‚Über die Pellagra mit Berücksichtigung ihres Vorkommens im südlichen Teile der Bukowina', *Wiener Klinische Wochenschrift* 8 (1903), S. 210–218

Zechner, Rosa; Matschinegg, Ingrid; Pawlowsky, Verena, ‚Mütter im Dienst – Kinder in Kost. Das Wiener Findelhaus, eine Fürsorgeeinrichtung für ledige Frauen und deren Kinder', *L'Homme* 5/2 (1994), S. 61–80

Zeitschriften und Zeitungen

Graff, Heinrich, *Feldkircher Zeitung* (Feldkrich, 1860–1906)
Güttler, Joseph, *Frauen-Werke* (Korneuburg, 1900–1902)
k.k. Allgemeines Krankenhaus, Ärztlicher Bericht (Wien, 1850–1893)
k.k. statistischen Central-Commission, *Kärntner Landbote* (Klagenfurt, 1894–1934)
Kraus, Bernhard, Pichler, Wilhelm, *Allgemeine Wiener Medizinische Zeitung* (Wien, 1856–1915)
Matschnig, Allwin, *Freie Stimmen* (Muhr in Villach, 1881–1938)
N.N., *Wiener Medizinische Wochenschrift* (Wien, 1851–1914)
Popp, Julius, *Arbeiter Zeitung* (Wien,1890–1903)
Prochaska, Julius; von Oefele, Felix, *Die Heilkunde. Monatsschrift für praktische Medicin. Wiener Ausgabe* (Wien, 1896–1910)
Statistische Zentralkommission, *Statistische Monatsschrift* (Wien, 1875–1921)
Stiegnitz, Wilhelm, *Wiener Klinische Wochenschrift* (Wien, 1888–1914)
Schall, F.C. (Red.), *Wiener Schnellpost, Zeitung für politische Bildung des Volkes,* 16 (1848)
Wittasek, Moriz, Schnirer, T., *Therapeutische Wochenschrift* (Wien, 1895–1909)

Webbasierte Datenbanken

Interreg III A Projekt (2002–2007), Historiae Morborum – Die Krankengeschichten des Franz von Ottenthal (1818–1899). Universität Innsbruck, Südtiroler Landesarchiv in Bozen. URL: https://www.uibk.ac.at/ottenthal/ (Zuletzt abgerufen: August 2022)

Abbildungsnachweis

gettyimages/Keith Lance, gettyimages/ilbusca, gettyimages/Photos.com, gettyimages/ Grafissimo, gettyimages/Renfields_Garden